Zu diesem Buch Dieser Band ist ein äußerst origineller und unvermindert aktueller Beitrag zur ästhetischen Theorie. Köhler entwickelt die leitenden Begriffe seiner Überlegungen – „Zufall“, „Mögliches“ und „Notwendigkeit“ – unmittelbar aus der Beschäftigung mit der großen französischen Literatur der letzten beiden Jahrhunderte. An den Werken Flauberts, Prousts, Valérys, Bretons und Camus' (um nur die wichtigsten zu nennen) demonstriert er die Unzulänglichkeit der traditionellen Auffassungen des Verhältnisses von Kunst und Wirklichkeit, Literatur und Geschichte. Die moderne Literatur hat das klassische Mimesis-Konzept revolutioniert, indem sie die Künste nicht mehr auf die Nachahmung der *einen* (notwendigen) Wirklichkeit verpflichtet. Kunst ist nicht die Wirklichkeit noch einmal, sie gibt im Gegenteil den Blick auf die historische Zufälligkeit und den Möglichkeitsreichtum dessen frei, was wir jeweils als wirklich und alternativlos unterstellen. Sie beschwört „das Ideal gegen die Wirklichkeit. Als Entwurf von Zukünftigem ist sie reale Hoffnung, Warnung oder Palliativ“.

Der Autor Erich Köhler, geboren 1924 in Langenau, gestorben 1981, Romanist, seit 1958 Professor für Romanistik an der Universität Heidelberg, seit 1970 in Freiburg/Br. Seine Forschungsschwerpunkte lagen auf den Gebieten der altfranzösischen und altprovenzalischen Literatur sowie der Literaturtheorie und Literatursoziologie. 1977 begründete er die *Romanistische Zeitschrift für Literaturgeschichte*. Mehrere Aufsatzsammlungen, darunter: *Esprit und arkadische Freiheit. Aufsätze aus der Welt der Romania* (1966), *Vermittlungen. Romanische Beiträge zu einer historisch-soziologische Literaturwissenschaft* (1976).

ERICH KÖHLER

Der literarische Zufall, das Mögliche und die Notwendigkeit

FISCHER TASCHENBUCH VERLAG

Ungekürzte Ausgabe
Veröffentlicht im Fischer Taschenbuch Verlag GmbH,
Frankfurt am Main, November 1993

Lizenzausgabe mit freundlicher Genehmigung
des Wilhelm Fink Verlags, München

Umschlaggestaltung: Buchholz / Hinsch / Hensinger
Gesamtherstellung: Clausen & Bosse, Leck
Printed in Germany
ISBN 3-596-11928-6

Gedruckt auf chlor- und säurefreiem Papier

Für

WERNER KRAUSS

INHALT

EINLEITENDE ÜBERLEGUNGEN

> Auch der Zufall ist nicht unergründlich:
> er hat seine Regelmäßigkeit.
>
> Novalis

Wer, wie uns geschehen, in wachsender Verbissenheit den Spuren des literarischen Zufalls folgt, sieht sich unversehens befördert in die Lage von Schillers „sinnendem Weisen", der „im stillen Gemach"

> Sucht das vertraute Gesetz in des Zufalls grausenden Wundern
> Sucht den ruhenden Pol in der Erscheinungen Flucht.
>
> *(Der Spaziergang)*

Nicht hilft darüber hinweg jene allgemeine Weisheit, die besagt, daß Zufälle nun einmal unser Leben mitentscheiden und somit Eingang finden in eine irgendwie immer mimetische Literatur. Moderne Kunst, aber auch Naturwissenschaft, stellen die Frage unerbittlicher. Die Literaturwissenschaft kann sich ihr nicht entziehen.

Im Jahre 1908 veröffentlichte der Kunsthistoriker Wilhelm Worringer eine epochemachende Schrift: *Abstraktion und Einfühlung. Ein Beitrag zur Stilpsychologie.* Es war seine Doktorarbeit. Vier Jahrzehnte später berichtet der Verfasser von den Umständen der Entstehung dieser Arbeit und ihrer Wirkung in dem „Bewußtsein, daß es das von mir ganz ungeahnte Zusammentreffen meiner persönlichen Disposition für bestimmte Probleme mit dem Disponiertsein einer ganzen Zeit für eine grundlegende Neuorientierung ihrer ästhetischen Wertmaßstäbe gewesen ist, das die so ungewöhnlich starke Resonanz dieses Erstlingswerkes zu erklären vermag ... So bin ich damals, ohne es zu ahnen, das Medium von Zeitnotwendigkeiten gewesen".[1] Es ist der „mediale Charakter" der „damali-

1 Vorwort zur Neuausgabe 1948, München 1959, S. 7.

gen publizistischen Funktion", von dem Worringer sich gedrängt fühlt, von den „seltsamen Begebenheiten" zu erzählen, „die mit jener Zufälligkeit, in die sich Notwendigkeit oft zu tarnen pflegt, in die Entstehungs- und frühe Wirkungsgeschichte dieser Arbeit hineingespielt haben".[2]

Während eines Pflichtbesuchs im Trocadero-Museum zu Paris wird dem bis dahin eher gelangweilten Studenten der Kunstgeschichte im „sturzartig plötzlichen Geburtsakt" der zündende Funke zuteil infolge der ganz zufälligen Begegnung mit dem Philosophen Georg Simmel. Dem ersten Akt des Zufalls folgt der zweite. Ein überzähliges Exemplar der Pflichtauflage der Dissertation gelangt an den Dichter Paul Ernst, den der Verfasser zufällig auf einer Reise kennengelernt hat, und der, übersehend, daß es sich um einen nicht öffentlichen Dissertationsdruck handelt, die Arbeit in einer bekannten Kunstzeitschrift bespricht, was wiederum den Münchner Verleger Piper veranlaßt, die Schrift in seine Verlagsproduktion aufzunehmen. Damit beginnt die bedeutsame Wirkungsgeschichte der Arbeit. „Ist es nicht mitteilenswert, daß dieser Erfolg einem reinen Mißverständnis und also einem äußeren Zufall zu verdanken gewesen ist? Und welch einen anderen Weg hätte mein ganzes Leben ohne diesen vorsehungsvollen Zufall genommen?"[3] Dritte Etappe des Zufalls: Paul Ernst, in Entdeckerfreude, sendet dem ihm befreundeten Georg Simmel sein Exemplar des Dissertationsdrucks; Simmel, nicht ahnend, daß er mit dem zufällig im Trocadero-Museum angetroffenen Studenten zu tun hat, reagiert spontan mit einem Brief an den Verfasser.

„Zufall oder Notwendigkeit?" so fragt angesichts solcher Kombination von Zufällen Worringer, in dessen späteren Unterhaltungen mit Simmel immer wieder die Rede war von dieser „rätselhaften Schicksalsregie". Sein Fazit: „Ich opfere meinem geglaubtesten Gott, dem deo ignoto des Zufalls, wenn ich dieser rätselhaften Zusammenhänge heute gedenke."[4]

Das Zeugnis Worringers, gewiß keines der belanglosesten, mag für viele, vor allem für unendlich viele und weniger reflektierte Erfahrung stehen in der doppelten Frage nach der Gestaltung des

---

2 A. a. O. S. 8.
3 A. a. O. S. 12.
4 A. a. O. S. 13 f.

persönlichen Schicksals und der objektiven Sinnhaltigkeit des individuellen Tuns. Der ersteren gibt der kombinierte Zufall die Antwort, die ihn fast dem Wunder gleichsetzt[5], der zweiten diejenige einer vermittelten „Zeitnotwendigkeit“, die sich auch mit Schiller bestimmen läßt als „unerwartete Zusammenstimmung des Zufälligen der Natur mit dem Notwendigen der Vernunft“[6]. Wir haben mit beiden Aspekten zu schaffen. Und eine dritte Frage stellt sich unausweichlich. Sie ist enthalten in der Meinung Worringers, daß seine so einflußreiche Schrift „ohne jenes Mißverständnis ein unbeachtetes Dasein in den Verliesen der Universitätsbibliotheken führen würde“[7]. Es ist dies ein ebenso naheliegender wie beunruhigender Gedanke. Sollte es nur am Zufall liegen, ob, was „zeitnotwendig“ ist, auch Wirklichkeit wird? Sollte pures Ausbleiben des Zufalls, der Zufall des Nicht-Zufalls also, verhindern können, was einer Zeit erst Sinn gegeben hätte, was möglich war gemäß einer in ihrer Tendenz stets bestimmten, hinsichtlich ihrer Durchsetzung aber niemals absoluten Notwendigkeit? Neben verwirklichtem Möglichem steht schlecht oder gar nicht Verwirklichtes. Daneben wohl auch, nicht nur in der Politik, wo er auffällt, der Irrtum über das, was möglich war. Auch der Zufall sprengt nicht den Bannkreis des Notwendigen, mag die Fülle an Möglichem, welche dieses enthält, auch unbegrenzt erscheinen.

Niemand wird bestreiten, daß der Zufall primär als individuelle Erlebniskategorie erfahren wird. Seine Macht erscheint dem modernen Menschen zunächst als eine solche der Individuation im Stadium spezifischer Empfänglichkeit: „Das Verblüffende, das Erregende jedes Zufalls besteht darin, daß wir unser eigenes Gesicht erkennen: der Zufall zeigt mir, wofür ich zur Zeit ein Auge habe, und ich höre, wofür ich eine Antenne habe“[8].

Kein Zufall ist es, daß diese Feststellung Max Frischs in einer Studie über Valéry zitiert wird[9], stimmt sie doch überein mit des-

---

5 Von einem „wirklichen Wunder“ spricht, freilich eher metaphorisch, auch Worringer.

6 *Über Anmut und Würde, Sämtliche Werke*, hrsgg. von G. Fricke, H. G. Göpfert, München 1959, Bd. V, S. 482.

7 A. a. O. S. 12.

8 Max Frisch, *Tagebuch* 1946-1949, Frankfurt a. M. 1949, S. 464.

9 Ch. Krauß, *Der Begriff des Hasard bei Paul Valéry. Theorie und dichterische Praxis*, Diss. Heidelberg 1969, S. 186.

sen Auffassung, „hasard“ meine die subjektive Interpretation eines objektiven Faktums durch eine bestimmte „sensibilité“[10]. Neben der „Geschichte“ des interpretierenden Individuums aber, neben und über seiner Subjektivität, steht, diese bedingend, die Geschichte der Menschheit, wovon Paul Valéry, zumindest im nie nachlassenden Zweifel an der bloßen Realität des subjektiv interpretierten Zufalls, durchaus eine Ahnung hatte. So ist es wiederum kein Zufall, wenn Th. W. Adorno gerade angesichts der unablässigen Bemühungen Paul Valérys um ein Verständnis des Zufalls zu der Formulierung findet: „Was der Zufall an Sinnfremdheit in jedes Gebilde hineinträgt, ahmt die des Zeitalters nach; indem er unbeschönigt die Sinnfremdheit der Totale einbekennt, erhebt er Einspruch gegen sie“[11].

Die „Totale“ ist eine historisch jeweils bestimmte, von den verschiedenen sozialen Gruppen, die nicht alle zu Wort kommen, verschieden reflektiert, der „Einspruch“ daher nicht immer von gleicher Stringenz. Nicht nur privilegierten Individuen war gestattet, den Zufall zu „beschönigen“, sondern auch ganzen Epochen. Der literarische Zufall, d. h. der Zufall in der Literatur, ist nicht identisch mit dem alltäglichen, den sie, ihn seiner Partikularität enthebend, ins Allgemeine, Gesetzhafte transformiert. Seine ästhetische Funktion, aber auch seine ästhetische Rechtfertigung, bleibt zu untersuchen. Nur eine seiner Bedingungen ist apriorischer Natur: die Disposition für Erlebnis und Deutung des Zufalls. Diese Disponibilität ist epochenspezifisch; ihr geschichtlicher und sozialer Grund ist, durch alle Vermittlung hindurch, noch in jenem individuellsten seelischen Bereich wirksam, den Psychonalyse erschließt. Nicht von ungefähr wird gesteigerte Disponibilität für den Zufall zum Programmpunkt des Surrealismus.

Der Zufall, der die Begegnung zweier Menschen bewirkt und ihnen zum Schicksal wird, im Leben wie in der hierin überaus folgsamen Literatur, zieht die Karte aus einem Spiel von begrenzten, aber unübersehbaren, vor allem unvorhersehbaren Möglichkeiten. Je nach den Folgen werden die betroffenen Individuen geneigt sein zu sagen, daß der liebe Gott oder aber der Teufel die Karten gemischt habe.

---

10 Reich belegt von Ch. Krauß a. a. O. S. 44 ff.

11 *Noten zur Literatur* II, Frankfurt a. M. 1961, S. 58.

Nicht jedem fällt der Dachziegel, dessen die Zufallstheoretiker seit Jahrhunderten nicht entraten mögen, auch wirklich auf den Kopf. Aber er *kann* – und damit zunichte machen, was sich aufs Schönste, oder Schlechteste, oder auch Belangloseste entfaltet hätte. Nicht kümmert ihn, ob er den Verbrecher trifft oder die schöne Seele, oder das Genie, das gerade ansetzte, eine große Chance der Geschichte wahrzunehmen. Immer schwerer fällt es dem denkenden Menschen, im Zufall das „Pseudonym" zu sehen, „das der liebe Gott wählt, wenn er inkognito bleiben will" (Albert Schweitzer). Die wachsende Neigung, in den Launen Fortunas die „List" einer zielgewissen „Vernunft„ am Werk zu sehen, macht sich als neue dogmatisierte Gläubigkeit verdächtig, deformierend, was Aufklärung einmal wollte.

„Neckermann macht's möglich". Ideologiekritisches Bewußtsein erlaubt nicht mehr, Schlagworte leichthin abzutun. Noch Kara Ben Nemsi vermochte, eines der Über-Ichs seines Erfinders, die Sahara-Begegnung mit demselben Mann, den er als Old Shatterhand in der Savanne getroffen hatte (oder Old Shatterhand die traurig-schöne Wiederbegegnung mit einem geisteskranken Jugendfreund im Wilden Westen in *Weihnacht*), zu der den eigenen Lebensanspruch sublimierenden Auszeichnung durch die Vorsehung zu stilisieren, für welche die Verhältnisse in der Heimat wahrlich keinen Spielraum boten und sich eben deshalb literarisch zum Wunder verklärten. Wer heute in Tunesien oder in Utah einem Bekannten begegnet, wird sich zwar wundern über den Zufall, zur Erklärung des „Wunders" aber zunächst auf das Reisebüro rekurrieren. Die immense materielle Erweiterung des Möglichen, und damit der Chancen des Zufalls in der Moderne schlägt sich qualitativ – und nicht zufällig, sondern zwangsläufig – nieder in neuen künstlerischen Strukturen. Die Observation des Zufalls wird zur Voraussetzung für eine Neubesinnung über das Notwendige.

Providenz oder auch Teleologie ist, wie es scheint, nur noch im Sprung über die Verzweiflung hinweg zu restituieren. Lösungen dieser Art müssen Gegenstand der Reflexion, können jedoch nicht mehr deren Leitgedanken sein. Soll das Verhältnis zwischen Zufall und Notwendigkeit als ein dialektisches begriffen werden, welches dasjenige von Freiheit und Notwendigkeit einschließt, muß die Kategorie der Möglichkeit voll und ernstgenommen in die Rechte eingesetzt werden, auf die sie heute mehr und massiver denn je

Anspruch erhebt. Literatur und Literaturgeschichte sind darauf, nicht zuletzt ihres seismographischen Charakters wegen, vor allem aber um ihrer selbst willen, neu zu sichten.

Indessen kann weniger denn je, ihrer relativen Eigenständigkeit zum Trotz gerade in deren anerkannter Geltung, die literarische „Reihe" aus dem gesellschaftsgeschichtlichen Gesamtprozeß herausgelöst und verselbständigt werden. Gegen solche Versuchung schirmt ab die – auf den folgenden Seiten zu erhärtende – Einsicht, daß der literarische Zufall den Blick freigibt für das, was in einer bestimmten geschichtlichen Konstellation der Gesellschaft zugleich möglich und notwendig war. Der Begriff des Zufalls impliziert, daß es auch anders hätte kommen können, daß die Notwendigkeit, die ihn umgreift, ihm eine Abundanz von Möglichkeiten zur Auswahl überläßt. „Das Zufällige ist ein Wirkliches, das zugleich nur als möglich bestimmt ist, dessen Anderes oder Gegenteil ebensosehr ist" (Hegel)[12], und „im Prozeß selber entspringen . . . eine Unzahl realer Möglichkeiten, die dem Anfang nicht an der Wiege gesungen worden sind" (E. Bloch)[13]. Schon Plechanow hat das vielzitierte Wort von Karl Marx aus der *Kritik der politischen Ökonomie*, daß „die Menschheit sich immer nur Aufgaben stellt, die sie lösen kann", so mißverstanden, als seien stets auch alle Möglichkeiten realisiert worden[14]. Anders Ernst Bloch: „Die Menschheit stellt sich zwar immer nur Aufgaben, die sie lösen kann, findet jedoch der große Moment zur Lösung ein kleines Geschlecht, dann ist diese Lösung erst recht bloß möglich, nämlich nur noch schwach möglich"[15]. „Wahn" ist, zu glauben, „daß alles Mögliche im Wirklichen bereits ausgestaltet sei"[16].

Jede Wirkung hat ihre Ursache, aber nicht jede Ursache hat eine Wirkung. Solche Bestimmung der möglichen Folgenlosigkeit von Ursachen klingt apodiktischer als die letztlich mit ihr zusammenfallende, daß jede Ursache auch eine andere als die vorgesehene, geplante oder erwartete Wirkung haben kann. Ständig setzt die

---

12 Ed. H. Glockner, Bd. 4, S. 683. Vgl. D. Henrich, *Hegels Theorie des Zufalls*. Kantstudien 50 (1958 / 59), S. 131 ff.

13 *Das Prinzip Hoffnung*, Berlin 1954, I, S. 222.

14 G. W. Plechanow, *Über die Rolle der Persönlichkeit in der Geschichte*, Berlin 1945.

15 A. a. O. S. 252.

16 A. a. O. S. 267.

Heterogonie der Zwecke eine neue Notwendigkeit, die sich in jedem Augenblick durch neue Möglichkeiten bestimmt, die sie speichert wie für das intentionale menschliche Handeln als auch für den absichtslosen Zufall. Nur im Reich des Möglichen ist der Zufall angesiedelt. Das Mögliche aber ist ein Teil des Wirklichen und eine Modalität des Notwendigen. Auch wo der Zufall willkürlich intentionales Handeln durchkreuzt, vermittelt er Notwendigkeit und setzt sie neu als realisierte Möglichkeit. Nicht nur ist auch Literatur dieser Dialektik unterworfen, sie hat sie auch zum Gegenstand. Soll die literaturwissenschaftliche Grundfrage nach dem Verhältnis von Wirklichkeit und Kunst sinnvoll erweitert und vertieft werden durch die Erhellung der Beziehungen zwischen Basis und Überbau, dann ist es unabdingbar, die Rolle des Zufalls als einer Instanz der Vermittlung zu klären. Vielleicht ist in dieser Funktion beschlossen, was den Zufall – gemäß dem Wort von Novalis, das wir als Motto voranstellten – aus seiner Unergründlichkeit erlöst (wobei wir die Bereitschaft zugeben, Novalis' Formel in einem Sinne zu begreifen, der ihrem Autor vermutlich gar nicht zugesagt hätte).

I DAS ENDE DER PROVIDENZ

> Quelqu'un disait que la Providence était le nom de baptême du Hasard: quelque dévot dira que le Hasard est un sobriquet de la Providence.
>
> Chamfort

Wir wählen als Ausgangspunkt unserer Betrachtungen einen Roman von Alfred de Musset: *La Confession d'un enfant du siècle*, von 1836.

Octave, Protagonist und Ich-Erzähler in einem, beschreibt die Pathogenese einer Generation, die, gezeugt zwischen zwei Schlachten in einer Zeit des tausendfachen Todes, in der es „nur Leichen oder Halbgötter" gab, fertig werden mußte mit der lebendigen Erinnerung an den noch vom Impetus der Revolution verklärten Heroismus der napoleonischen Schlachten, mit der lähmenden Stickluft der Restauration und der Ungewißheit über das Kommende.

In einer Synkope der Geschichte, zum Müßiggang und zu Surrogaten verdammt, leiden die „Söhne des Empire und Enkel der Revolution" an „zwei Wunden": „Tout ce qui était n'est plus; tout ce qui sera n'est pas encore. Ne cherchez pas ailleurs le secret de nos maux"[1]. In zwei Kapiteln diagnostiziert Mussets Protagonist die Krankheit seiner Epoche als Produkt des geschichtlichen Indifferenzpunktes zwischen dem enttäuschenden Ende eines verheißungsvollen Aufbruchs und einer noch ungeborenen Zukunft, in die zu vertrauen der Ausgang der Revolution von 1830 untersagte. Er fährt fort: „J'ai à raconter à quelle occasion je fus pris d'abord de la maladie du siècle"[2].

Die „occasion", an der für den neunzehnjährigen Octave die

---

1 *La confession d'un enfant du siècle*, Paris, Garnier, 1956, S. 20.
2 A. a. O. S. 21.

Möglichkeit zerbricht, gleich vielen anderen die „maladie du siècle" in reflexionsloser Leichtlebigkeit zu überstehen, ist ein banaler Zufall. Während eines Soupers fällt ihm aus Versehen eine Gabel auf den Fußboden. Als er sich bückt, sie aufzuheben, wird er gewahr, daß seine schöne Geliebte, deren träumerische Blicke er als Zeugnis sehnsüchtiger Erwartung des anschließend vorgesehenen Alleinseins verstand, ihre Beine zärtlich mit denjenigen ihres Tischnachbarn, seines besten Freundes, verschlungen hat. Eine rosarote Welt bricht zusammen, an ihre Stelle tritt ein „désespoir sans remède", identisch mit dem bisher nur latenten „mal du siècle". Vorsätzliche Ausschweifung unter Anleitung kompetenter Freunde bringt keine Heilung.

Der Zufall selber scheint korrigieren zu wollen, was er angestellt hat. Octave, durch den Tod seines Vaters aufs Land gerufen, begegnet einer reifen und großherzigen Frau, Mme Pierson. „Je ne pouvais m'empêcher de penser à la bizarrerie du hasard, qui, en si peu d'heures, me faisait ainsi me trouver seul, la nuit, dans une campagne déserte, le compagnon de voyage d'une femme dont je ne connaissais pas l'existence au lever du soleil"[3]. Aber das Glück, das dieser Zufall ihm bereitet, ist alsbald überschattet von dem krankhaften Trieb, selbst in den schönsten Stunden leiden zu wollen, „avide de souffrir" in seiner „curiosité du mal". Nachdem er einmal, durch jenen ersten Zufall, hinter dem Schein die Lüge hatte entdecken müssen, ist er unfähig, an die Existenz einer wahren Liebe zu glauben. Maßlose Eifersucht und unwürdige Demütigungen der geliebten Frau treiben diese dazu, sich einem anderen zuzuwenden. Die in der untadeligen Frau verkörperte ideale Welt wird von Octave zur Analogie des eigenen, zerrissenen Bewußtseins pervertiert, damit er weiter an ihr leiden kann. Der zufällige Anblick eines elfenbeinernen Kruzifixes auf dem reinen Busen hindert Octave im letzten Augenblick, die Geliebte zu erdolchen. Der ebenso zufällige Fund eines Briefes, in dem Mme Pierson ihre Entschlossenheit bekundet, ihrer neuen Liebe zu entsagen und sich Octave zu opfern, bestimmt letzteren, zu verzichten, damit von *drei* Menschen, die durch ihn gelitten, nur *einer* unglücklich bleibe.

Octave erlebt den Zufall, der ihn der „maladie du siècle" an-

---

[3] A. a. O. S. 139.

heimfallen läßt, als ebenso arbiträr auswählende wie in einem allgemeinen geschichtlichen Weltzustand begründete Manifestation des Notwendigen. Indem er masochistisch sein Leiden als Auszeichnung kultiviert, erweist er sich als spezifisch romantischer Held. Seine Frage: „Fatalité, Hasard, Providence, qu'importe le nom?“ enthält bereits eine Antwort. Die Bibel, die er aufs Geratewohl öffnet, bestätigt nur die totale Indifferenz, die den Gerechten ebenso schlägt wie den Sünder. Der Himmel ist leer in dem entgötterten Universum: „Est-ce donc vrai que tu es vide? Criai-je en regardant un grand ciel pâle qui se déployait sur ma tête? Réponds, réponds!“[4] „Un profond silence“ ist die Antwort. Es ist das Schweigen Gottes auf die Frage Christi, die Gérard de Nerval den vier Sonetten *Le Christ aux oliviers* als Motto voranstellen wird: „Dieu est mort! Le ciel est vide – pleurez! enfants, vous n'avez plus de père“. Dem Gottessohn am Ölberg antworten an Stelle des Vaters das „immobile Destin“, die „froide Nécessité“ und der „Hasard“ in eisiger Gleichgültigkeit.[5] Es ist dieses Schweigen, das einen Alfred de Vigny zu dem kühnen Gedanken führt, Christus opfere sich nicht, um die Menschheit von der Sünde zu erlösen, sondern um die Schuld des göttlichen Vaters gegenüber der Menschheit zu sühnen.

Unverkennbar ist die literarische Herkunft: Jean Pauls „Rede des toten Christus vom Weltgebäude herab, daß kein Gott sei“ (1790). Dort stand zu lesen: „Starres, stummes Nichts! Kalte, ewige Notwendigkeit! Wahnsinniger Zufall! Kennt ihr das unter Euch? Wann zerschlagt Ihr das Gebäude und mich? – Zufall, weißt Du selber, wenn Du mit Orkanen durch das Sternen-Schneegestöber schreitest und eine Sonne um die andere auswehest, und wenn der funkelnde Tau der Gestirne ausblinkt, indem du vorübergehst?“[6] Drei Jahre vor seinem Roman schreibt Alfred de Musset in Anlehnung an Jean Paul in dem aufsehenerregenden Gedicht *Rolla:*

Je ne crois pas, ô Christ! à ta parole sainte:
Je suis venu trop tard dans un monde trop vieux.
D'un siècle sans espoir naît un siècle sans crainte;

---

[4] A. a. O. S. 58 f.
[5] Gérard de Nerval, *Œuvres,* Paris, Garnier, 1966, I, S. 705 ff.
[6] Jean Paul, *Werke,* hrsgg. von G. Lohmann, München 1959, II, S. 270.

Les comètes du nôtre ont dépeuplé les cieux.
Maintenant le *hasard* promène au sein des ombres
De leurs illusions les mondes réveillés.[7]

Die Generation des „siècle sans espoir" wird nicht fertig mit der Entthronung der Providenz durch den Zufall.

Mussets *Confession d'un enfant du siècle* ist für uns besonders lehrreich, weil sie im geschichtlichen Augenblick der vollendeten Entgötterung der Welt die Abhängigkeit des individuellen Schicksals vom gesellschaftlichen Gesamtschicksal ausspricht und in der Beziehung von Ursache und Wirkung dem Zufall eine Rolle zuweist, die – jenseits teleologischen Denkens – die Kontingenz in die Kausalität einbringt in einer Weise, die uns helfen kann zu verstehen, was Hegel einmal die „unendliche Willkür der Notwendigkeit" genannt hat.

Bei Musset wird explizit, daß der Zufall eine Erscheinungsweise des Notwendigen ist. Es hieße jedoch die Dialektik von Zufall und Notwendigkeit verkennen, wenn man der entscheidenden Kategorie der Vermittlung nicht Rechnung trüge: dem Möglichen. Die „maladie du siècle" hat, als Wesenszug der Epoche, den Charakter einer Notwendigkeit, die den einen mit voller Wucht, den andern gar nicht trifft. Diese Notwendigkeit meint nicht, daß sie das Schicksal des Einzelnen bestimmen *muß*, sondern *kann*. Die Infizierung Octaves mit der „maladie du siècle" stellt sich dar als eine Möglichkeit, die eines – nicht einmal hochgradig wahrscheinlichen – Zufalls bedurfte, um verwirklicht zu werden. Der Zufall hat seine Chance als Stifter von Schicksalen nur insofern, als das Mögliche der Seinsmodus einer Notwendigkeit ist. Die Signifikanz des Zufalls beruht nicht auf dessen Eigengewicht – er kann völlig belanglos, kann banal sein – sondern auf dem, was er an Möglichkeiten erschließt, die Notwendigkeit zum Vorschein zu bringen. Gerade hierin aber findet, wie es scheint, die Freiheit des Dichters im Erfinden von Zufällen Schranken, die je nach der geschichtlichen Phase, aber auch je nach der gewählten Kunstgattung enger oder weiter gesetzt sind.

Diese relative Freiheit entfaltet sich in dem Bereich, den Ernst Bloch einmal den „Überschuß des Möglichen im Wirklichen" genannt hat. Die schöpferische Einbildungskraft „liebt" – so Fried-

[7] *Œuvres complètes*, Paris, Conard, 1923, II, S. 3.

rich Schiller – „in ihren Zusammensetzungen *Freiheit* und erkennt dabei kein anderes Gesetz als den Zufall der Raum- und der Zeitverknüpfung", sie „mischt" in die „strenge Notwendigkeit der Sachverknüpfung den Zufall der Zeitverknüpfung"[8]. Die fallende Gabel, die sich bei Musset in die strenge Notwendigkeit der Sachverknüpfung mischt, ist vielleicht keine literarische Genietat. Die – im weiteren Verlauf ohnehin bemühte – zufällige Auffindung eines Briefs hätte es ebenso getan und sich dabei, wie noch in Fontanes *Effi Briest,* auf die von einer jahrhundertealten literarischen Tradition begründete Wahrscheinlichkeit berufen können, die von der Lebenswirklichkeit schwerlich dementiert wird, solange Menschen ihre Gefühle einem Blatt Papier anvertrauen.

Die moderne Wahrscheinlichkeitsrechnung könnte genau eruieren, wieviel Prozent Angehörige der jungen Generation von 1836 unter gleichen Lebensbedingungen von der „maladie du siècle" befallen werden. Nicht jedoch vermöchte sie anzugeben, *welche* Individuen diese trifft. Die Theorie des Zufalls räumt diesem das weite Feld ein zwischen dem, was höchstwahrscheinlich, und dem, was fast ausgeschlossen ist. Es ist das Reich des Möglichen. Versucht man, im Rahmen der Wahrscheinlichkeitsrechnung, die Möglichkeiten zu addieren oder gar zu multiplizieren, so zeigt sich, daß die so zur maximalen Wahrscheinlichkeit multiplizierte Möglichkeit ungleich seltener realisiert wird als das einfache Mögliche, d. h.: es bedarf eines höheren, bis zur Unwahrscheinlichkeit gesteigerten Grades an Zufälligkeit. Dann liegt das vor, was Balzac die „bénédiction du hasard" nennt[9], von der er ausgiebigen Gebrauch macht, um den Tag der Entscheidung im Leben Luciens de Rubempré als eine Peripetie zu konstruieren. Doch das Zufälligste vermag sich als das Notwendigste zu erweisen insofern, als es das Unwahrscheinliche als konzentrierte Möglichkeit präsentiert. „Le hasard combine tous les cas possibles" heißt es schon bei Diderot[10].

---

8 Friedrich Schiller, *Sämtliche Werke,* hrsgg. von G. Fricke und H. G. Göpfert, München 1959, Bd. V, S. 672.

9 *Illusions perdues,* éd. A. Adam, Paris, Classiques Garnier, 1956, S. 360.

10 *Œuvres romanesques,* éd. H. Bénac, Paris, Classiques Garnier, 1951, S. 823.

Hier beginnt die Freiheit des Dichters, aber auch das Wagnis jener erfundenen Wahrheit, die *wahrer* sein soll als die diffuse, ihre Möglichkeiten nicht erschöpfende Wirklichkeit.

Wird bei der Wahrscheinlichkeitsrechnung „ebenso viel an individueller Bestimmbarkeit eingebüßt, als an Wahrscheinlichkeit gewonnen"[11], so hat die Literatur das Privileg, diese Einbuße wettzumachen, indem sie in die von ihr ausgewählte bzw. fingierte Partikularität des Zufalls das Allgemeine, Gesetzhafte, Notwendige einbringt. Mit Hegels Worten: der Zufall „streift", ohne daß sein partikulärer Charakter völlig verloren ginge, „die relativen Umstände ab und setzt solche an ihre Stelle, die die innere Substanz klar herausscheiden lassen"[12]. Als Besonderes vermittelt er zwischen dem Einzelnen und dem Allgemeinen, schließt das Mögliche an das Notwendige als eine wesentliche Bestimmung desselben. Indessen kommt Schillers Warnung vor den Gefahren im Gebrauche des Zufalls, daß nämlich das rein Zufällige im Zufall diesen des Momentes des Allgemeinen und Notwendigen beraube, nicht von ungefähr. Für den gleichen Schiller hängt die Vollkommenheit des Kunstwerks ab von dem Grad der inneren Notwendigkeit in der Verknüpfung der Erscheinungen, ohne die es weder Bestimmtheit noch Freiheit gibt[13]. Er hätte nicht widersprochen, hätte er Flauberts Behauptung gekannt, es gelte für die Dichter „d'être plus logique que le hasard des choses"[14], eine Forderung, die insbesondere den literarischen Zufall selbst betrifft als kontingenten Konvergenzpunkt voneinander unabhängiger Kausalreihen.

Für Flauberts Schüler Maupassant ist es, durchaus im Sinne der aristotelischen Ästhetik, ausgemacht, daß die Dichtung eher das Unmögliche, das wahrscheinlich ist, als das Wahre, das unwahrscheinlich ist, darzustellen hat. In seiner Romantheorie verneint Maupassant die selbst gestellte Frage, ob die Literatur in Analogie zu den Wechselfällen des Lebens einer Hauptfigur einen Dachziegel auf den Kopf fallen oder ihn unter den Rädern einer Ka-

---

11 W. Windelband, *Die Lehren vom Zufall*, Berlin 1870, S. 50.

12 *Sämtliche Werke*, Ed. H. Glockner, Stuttgart ³1954, Bd. 14, S. 266.

13 A. a. O. S. 672-673 (Anm.).

14 *Œuvres complètes, Correspondances*. Nouv. éd. augm., Paris, Conard, 1926-33, III, P. 39.

rosse verenden lassen dürfe[15]. Gleichwohl läßt er selbst wenig später den Protagonisten seines Romans *Fort comme la mort* an einem Verkehrsunfall sterben. Der Zufall dieses accident besiegelt das Schicksal eines Künstlers, der mit seiner Liebe wie mit seiner Kunst am Ende ist; ihm eignet somit eine Notwendigkeit, die nur in einem total sinnentleerten Weiterleben eine ebenso mögliche Alternative hätte. Das unwahrscheinliche Mögliche des Verkehrsunfalls offenbart sich somit als ein unmögliches Wahrscheinliches, das vom willkürlichen Zufall der Lebenswirklichkeit in den Rang der Notwendigkeit erhoben wird. Der Dachziegel, der unentwegt durch die Geschichte der Zufallstheorie geistert, scheint fröhliche Urständ zu feiern. Dem literarischen Zufall ist indes keine pure Beliebigkeit zu konzedieren, nicht einmal in dem verkürzten Motivationszusammenhang der von Maupassant glänzend vertretenen Novelle, die seit ihren Anfängen in der geschichtlichen Abfolge der literarischen Gattungssysteme die Stelle des maximalen Anspruchs des arbiträren Lebenszufalls besetzt[16].

Kehren wir für einen Augenblick zurück zu Musset. Octaves Schicksal ist Produkt des gesamtgesellschaftlichen Prozesses. Der Held selbst und sein Autor sagen es ausdrücklich. Der Zufall schlägt die Brücke zwischen dem Einzelnen und dem Allgemeinen. Indem er das Notwendige in das Mögliche konvertiert und umgekehrt das Mögliche in das Notwendige, subsumiert er sich der Kategorie der Besonderheit als der Einheit von Einzelnem und All-

---

15 „Le nombre des gens qui meurent chaque jour par accident est considérable sur la terre. Mais pouvons-nous faire tomber une tuile sur la tête d'un personnage principal, ou la jeter sous les roues d'une voiture, au milieu d'un récit, sous prétexte qu'il faut faire la part de l'accident? – La vie encore laisse tout au même plan, précipite les faits ou les traîne indéfiniment. L'art, au contraire, consiste à user des précautions et des préparations, à ménager des transitions savantes et dissimulées . . ." (Vorwort zu *Pierre et Jean, Œuvres complètes,* Paris, Conard, 1929, S. XV).

16 Vgl. die dem in Anm. 13 zitierten Passus unmittelbar vorausgehende Bemerkung Maupassants: „La vie, en outre, est composée des choses les plus différentes, les plus imprévues, les plus contraires, les plus disparates; elle est brutale, sans suite, sans chaîne, pleine de catastrophes inexplicables, illogiques et contradictoires [. . .] Voilà pourquoi l'artiste, ayant choisi son thème, ne prendra dans cette vie encombrée de hasards et de futilités que les détails caractéristiques utiles à son sujet, et il rejettera tout le reste, tout l'à-côté". (a. a. O.)

gemeinem – freilich nur zur Hälfte. Wenn Balzac einmal feststellt, der Schriftsteller müsse alles wahrscheinlich machen, sogar und erst recht das Wahre, so gilt dies nicht oder nur sehr eingeschränkt für den Zufall. Als Besonderheit spezifischer Art kann er auf Begründung ganz verzichten, nicht ohne die von Schiller genannte Gefahr eines unglaubwürdigen Überspringens jeglicher Vermittlung und damit auch des Verlusts an ästhetischer Notwendigkeit. Es kann ihm jedoch auch eine partielle Motivation zuteil werden, die, über jene von Goethe formulierte hinaus, daß „der Zufall im Roman immer durch die Gesinnungen der Personen gelenkt und geleitet sein müsse“[17], ihm jenes Minimum an Wahrscheinlichkeit verleiht, das ihm als dem nur Möglichen den *Anschein* gibt, es sei mit Notwendigkeit realisiert.

Dabei spielen die literarische Tradition, das Vorwissen des in ihr stehenden Lesers, und scheinbar blind gewordene Motive eine beträchtliche Rolle. Ich verdeutliche. Zweimal sagt Balzac auf den letzten zwanzig Seiten des zentralen Kapitels seiner *Illusion perdues*, daß die Erfolge seines Helden nur noch eines Zufalls bedürften, um definitiv zu werden[18]. *Dieser* Zufall, möglich bis zur Wahrscheinlichkeit, tritt *nicht* ein. Dafür ein anderer. Lucien de Rubempré, entschlossen, seinem verpfuschten Leben ein Ende zu machen, begegnet dem dämonischen Vautrin, dem König der Unterwelt, der ihm die Rache an der Gesellschaft, Rang, Macht und Reichtum verspricht. Dieses Zusammentreffen am Schluß des Romans ist als absolut zufälliges konstruiert, d. h. als unwahrscheinliches Mögliches. Was ihm gleichwohl ein Minimum an Wahrscheinlichkeit gibt, ist das Durchscheinen eines alten literarischen Themas, des Teufelspakts. Balzac kannte den „Faust“. Neu ist nur, daß Gott nicht mehr mitspielt, sondern ersetzt ist durch den potenzierten Zufall, die absolute Zufälligkeit des Zufalls.

Das Scheitern Frédéric Moreaus in Flauberts *Education Sentimentale* kulminiert, synchronisiert mit dem Scheitern der Revolution von 1848, in einem verpaßten Rendez-vous. Der Sinn eines Lebenswegs wird verfehlt, weil die möglich gewordene Vereinigung vereitelt wird durch den Zufall der Erkrankung des Kindes der geliebten Frau just an dem Tag der endlich bewilligten Verab-

---

17 *Wilhelm Meisters Lehrjahre,* V, 7, Hamburger Ausgabe Bd. 7, S. 308.
18 *La comédie humaine,* Bibl. de la Pléiade, Bd. IV, S. 851 und 855.

redung. Die vom Zufall hergestellte Koinzidenz von privatem und politischem Scheitern bedürfte keiner anderen Begründung als jener, daß beiden Bereichen, dem individuellen wie dem gesellschaftlichen, im Jahre 1848 *eines* gemeinsam ist: die Ohnmacht, das Mögliche zu verwirklichen. Gleichwohl hat Flaubert diesen Zufall zusätzlich motiviert. Mme Arnoux begreift die Erkrankung ihres Kindes am Tage des Rendez-vous als ein „avertissement de la Providence". Alfred Adler hat die Vorstellung, daß die Erkrankung des Kindes als Strafe für die ehebrecherischen Gelüste frustrierter Mütter erfolgt, als „quasi-mythisches Motiv" der trivialen Erbauungsliteratur des 19. Jahrhunderts ausgemacht und dessen Einwirkung auf Stendhal, Balzac, Sainte-Beuve und Flaubert nachgewiesen[19].

Jederzeit kann eine noch lebendige literarische Tradition den erzählerischen Zufall legitimieren. Nehmen wir ein extremes Beispiel. Die unverlorene Autorität des homerischen Epos waltet über den unwahrscheinlichen Begegnungen des Joyce-schen *Ulysses*. In die Begegnung Blooms, des Vierundzwanzig-Stunden-Spätheimkehrers, mit Gerty McDowell am Strande, sind eingebracht die Nausikaa-Episode der Odyssee, die archetypische Erwartung des göttlichen Fremden als des heiligen Hochzeiters, der dem Geschehen synchronisierte Mariengottesdienst in seiner mythischen, auf Danae und den Goldregen zurückgehenden Konjunktion mit dem gleichzeitigen Feuerwerk als einer sexualsymbolischen Konstante der Literaturgeschichte. Hinzu tritt das kitschige Bewußtsein der Protagonistin, für das Flauberts Emma Bovary Patin stand. Wir haben einen Modellfall der Multiplikation von Möglichkeiten vor Augen, in welcher die realempirische Möglichkeit, daß Bloom-Odysseus zu dieser Stunde an diesem Ort auf Gerty-Nausikaa trifft, die am wenigsten gewichtige und trotzdem entscheidende ist. Was ihr an sich an Wahrscheinlichkeit eignet, verdankt sie der Raum- und Zeit-Begrenzung der Handlung[20].

Der literarische Zufall kann, soll er der künstlerischen Vollendung, deren Erlebbarkeit von einer inneren Notwendigkeit des

---

19 A. Adler, *Möblierte Erziehung. Studien zur pädagogischen Trivialliteratur des 19. Jahrhunderts,* München 1970, S. 20 f.

20 Vgl. E. Köhler, *Nausikaa, Danae und Gerty MacDowell. Zur Literaturgeschichte des Feuerwerks,* in: *Lebende Antike.* Symposion für Rudolf Sühnel, Berlin 1967, S. 461 ff.

Geschehens abhängt, nicht abträglich sein, jenes Grades an Wahrscheinlichkeit nicht entraten, der das Mögliche als die Weise bestimmt, in welcher sich im Falle der Realisierung Notwendigkeit ins Werk setzt. In optimaler Weise ist diese Forderung erfüllt in einem Roman der französischen Hochklassik, der *Princesse de Clèves* von Madame de Lafayette. Ich darf hier Ergebnisse einer früheren Untersuchung zusammenfassen[21].

Die *Princesse de Clèves* ist der Roman eines Liebesverzichts, nur zu verstehen als die von der Verfasserin gewollte, sich in einem individuellen Schicksal kristallisierende „parfaite imitation du monde de la cour", einer Welt, in der, wie schon die achtundzwanzigjährige Madame de Lafayette bekundet, das Leben so „unnütz" ist, „daß man nichts besseres tun kann, als nichts zu tun". Jedes Handeln, zumal das vom Einbruch irrationaler „passion" bewirkte, reißt Abgründe auf. Die Protagonistin versucht ihnen zu entgehen, indem sie ihrem Gatten die Liebe zu einem anderen Mann, dem Herzog von Nemours, eingesteht. Madame de Lafayette hat diese Tat als ein ἀδύνατον εἰκός, als „unmögliches Wahrscheinliches" gestaltet, kraft einer psychologischen und ereignishaften Motivation, deren Konvergenz sich zwingend aus der quantitativen Beschränkung und Intensivierung der „imitierten" Wirklichkeit der an den Hof gefesselten aristokratischen Gesellschaft des Absolutismus ergibt. Die so hergestellte, Wirklichkeit und Fiktion gleichermaßen durchdringende Notwendigkeit teilt sich auch den Zufällen mit, welche die fatale Kausalfolge beschleunigen und sinnfällig machen, auch jenem bereits in der zeitgenössischen Kritik heftig umstrittenen, der den Duc de Nemours das Geständnis mitanhören läßt. Dieser erzählerisch nicht unmotivierte, sicher „mögliche", aber doch ungewöhnliche Zufall wird retrospektiv „wahrscheinlich" durch die Folgen, die er zeitigt. Er könnte diese Qualität nicht erlangen, läge, was er an Folgen auslöst, nicht bereits in der Konsequenz der ihm vorausgehenden Kausalmotivation beschlossen.

Der Zufall erweist sich hier als Erfüllungsgehilfe der Notwendigkeit. Gerade deshalb kann die Princesse de Clèves in ihm nur

---

21 E. Köhler, *Madame de Lafayettes „La Princesse de Clèves". Studien zur Form des klassischen Romans*, Hamburg 1959 (Hamburger Romanistische Studien, A. Allgem. Romanist. Reihe, Bd. 43).

die Möglichkeit weiterer und endgültiger Verstrickung in das seelische Chaos der „passion" sehen und sich in einer heroischen Anstrengung ihres Willens und ihrer „raison" zu dem Entschluß durchringen, die verlorene Autonomie wiederzugewinnen, indem sie die Möglichkeiten zukünftiger Zufälle begrenzt. Würde sie Nemours heiraten, woran sie nach dem Tode des Gatten nichts hindern könnte, so wäre die Möglichkeit, von ihm betrogen zu werden, so groß, daß fast zwangsläufig der Zufall eintreten müßte, der diese Möglichkeit realisiert. Die Chance, daß jene Möglichkeit nicht eintrete, ist zu gering, als daß die Princesse ihre Zukunft darauf zu bauen vermöchte. In dem „hasard d'être trompé", der das Mögliche zur Quasi-Gewißheit erhebt, bestimmt der Zufall sogar als noch nicht eingetretenes Ereignis den Gang der Handlung und erweist sich als Träger einer hintergründigen Notwendigkeit, die individuelle Glückserfüllung versagt. Der Zufall kann in dieser Welt unentrinnbarer gesellschaftlicher Determination nicht mehr als Chance der Befreiung, sondern nur als Ursache noch tieferer Verstrickung verstanden werden. Die Protagonistin des *Romans* des Liebesverzichts vollzieht am Ende eines bitteren Erfahrungsdurchgangs so resigniert wie entschlossen, was die fast gleichzeitige *Tragödie* des Liebesverzichts, Racines *Bérénice*, von vornherein getan hat: sie eliminiert mit dem Zufall die unwahrscheinlich gewordene, im Möglichen kaum noch enthaltene Alternative der Sinnerfüllung des individuellen Daseins. Die extreme Verengung der gesellschaftlichen Welt mit ihrer unaufhebbaren existentiellen Abhängigkeit jedes Einzelnen vom monarchischen Zentrum steckt der Willkür des Zufalls so enge Grenzen, daß der Zufall bereits wieder kalkulierbar erscheint – allerdings nur als ein negativer, den es zu vermeiden gilt.

Gott kommt nicht vor in der *Princesse de Clèves*. Madame de Lafayette hat kein Vertrauen in jene willkürliche Gnade des Zufalls, die Blaise Pascal dem unerforschlichen Ratschluß des jansenistischen Deus absconditus unterschob. Indem Pascal die von ihm begründete Wahrscheinlichkeitsrechnung in seiner berühmten Wette auf die Frage nach der individuellen Möglichkeit der Erlösung anwendet[22], um christliche Heilserwartung in eine veränderte Welt

---

22 Vgl. M. Boll, *L'exploitation du hasard*, Paris 1963 („Que sais-je"?) S. 111.

hinüberzuretten, besiegelt er in Wahrheit den Schwundprozeß des Vorsehungsglaubens. Die Nase der Kleopatra, von welcher er behauptet, daß, wäre sie kürzer gewesen, sie die Weltgeschichte ganz anders hätte verlaufen lassen, läßt sich so leicht nicht mehr als Instrument der Providenz begreifen.

Anders das Mittelalter: „In einer Welt, die ganz und gar von der göttlichen Zweckhaftigkeit beherrscht ist, kann es nichts diesem Zwecke Fremdes, nichts Zufälliges geben. In dieser das bangende Herz unendlich beruhigenden Überzeugung hat ein ganzes Jahrtausend gelebt"[23]. Man wird dieser Feststellung Windelbands, ihres globalen Charakters eingedenk, zustimmen. Die antike Philosophie hatte eine andere Vorstellung vom Zufall. Der mythische Schicksalsbegriff barg Notwendigkeit, aber keine Vorsehung. Im Mythos „vertragen" sich das Wahrscheinliche und das Unerhörte[24]. Letzteres ist der Zufall, Tyche, ein „Zusammentreffen" – συμβεβεκός – besonderer Art, das beliebig aus dem ἐνδεχόμενον der anfänglichen Unentschiedenheit des Seins heraustritt[25]. Das so Zusammengetroffene – συμβεβεκός – ist in die philosophische Terminologie eingegangen als „contingens" im Gegensatz zum „necessarium", als „accidens" im Gegensatz zur Substanz, als Lehnübersetzung in den Zu-fall. Als ein δυνατόν setzt das „Zusammentreffen" mehrfache Möglichkeiten voraus.

Nur in der Wunschvorstellung des Menschen beugt Tyche sich der Nemesis. Moderner ausgedrückt: wer seinen Nächsten, sei's aus besten Gründen, zum Teufel wünscht, kann allenfalls auf den Zufall vertrauen. Auch auf die Kraniche des Ibikus ist kein Verlaß. Aristoteles hat in seiner Poetik die Statue des Mitys, die den Mörder des Mitys erschlägt, nicht als Beleg für das Wirken einer über den Menschen waltenden höheren Gerechtigkeit angeführt, sondern – wie Max Kommerell formuliert – als „Beispiel für den Schein von Absichtlichkeit im Zufall"[26].

In dem Maße, „als der Glanz der Olympier allmählich verbleicht", tritt Tyche, „Dämon des grundlosen Zufalls", die Herr-

---

23 W. Windelband a. a. O. S. 63.

24 M. Kommerell, *Lessing und Aristoteles*, Frankfurt a. M. 1960, S. 134.

25 Wir stützen uns auf Windelband a. a. O. und auf H. Weiss, *Der Zufall in der Philosophie des Aristoteles*, London 1942.

26 A. a. O. S. 130.

schaft an, launisch, vernunftlos, unberechenbar[27]. Notdürftig nur halten Orakel im hellenistischen Roman die Zuversicht des schnöde von Tyche durch die Welt getriebenen liebenden Paares und das Vertrauen des Lesers auf ein happy end aufrecht. Mag jedes einzelne der Zufallsereignisse in diesen Romanen als möglich erschienen sein, in ihrer schier endlosen Häufung waren sie es nicht. „Seesturm und Überfall, Verwechslung und bewußte Täuschung wirbeln die Personen durcheinander, die sich doch wieder so selbstverständlich begegnen, als wäre die gesamte hellenistische Welt eine Kleinstadt"[28]. Im Umschlag der Quantität der Zufälle in die an ihrem Ursprung stehende Notwendigkeit des total Kontingenten, in dem der Zufall sich selber vertilgt, weil zum Normalfall geworden, wird die Grenze zum Märchen überschritten. Nur aus diesem Grunde kann das Abenteuerschema des hellenistischen Romans in der Geschichte der abendländischen Literatur immer wieder rezipiert werden, als Muster für die wunderbaren Wege der Vorsehung, oder für deren Palinodie.

Bewährung der Tugend unverzagter Treue ist Widerstand in extremis vor der Allmacht sinnfremder Kontingenz, deren Walten maßlos extensiv reproduziert wird, auf daß sie, sich selber erschöpfend, unglaubhaft genug aber Rettung verheißend, sich schließlich der beharrlichen Glückserwartung beugt.

Doch gerade das Absichtslose und Wertindifferente am Zufall wurde zum Ärgernis im christlichen Weltbild; es konnte nur in der Providenz geborgen werden. Bewährung wird identisch mit Prüfung. Im *accidens* tritt ein *ad* an die Stelle des zu erwartenden *cum* (συν) des συμβεβεκός. Was einem zu-fällt wird gedeutet als das, was einem zu-kommt – *advenit* –, was auf einen zu-kommt als das, was *ihm* zu-kommt, was ihm bestimmt ist. Was in diesem Doppelsinn von Bestimmung und Zu-fallen auf jemanden zukommt, verbürgt auch seine Zu-kunft. Die Helden der Chanson de geste, des sog. Volks- oder Helden-Epos überhaupt, ertragen schicksalhafte Ereignisse noch als ein „Zufälliges", dessen Unerklärbarkeit unproblematisch bleibt und noch keine Sinnstörung be-

---

27 E. Rohde, *Der griechische Roman und seine Vorläufer*, Leipzig ^{3}1914, photomechan. Nachdruck Berlin 1960, S. 296 ff.

28 A. Ludwig, *Die Rolle des Zufalls in der erzählenden Dichtung*, in: Das literarische Echo, 22. Jg., H. 19 (1920), Sp. 1156.

deutet. Das Individuum weiß sich auch im Leiden eins mit seiner Welt. Mit der *aventure* des höfischen Romans jedoch ist der Einzelne als solcher betroffen, weigert sich aber, diese Betroffenheit anders denn als Auszeichnung hinzunehmen, weil das Außen, das sie verursacht, noch unangetastet Geltung besitzt. Indessen ist die Sinnesimmanenz des Lebens bereits nicht mehr selbstverständlich gegeben, sondern muß stets neu bewirkt werden durch privilegierende Tat. *Aventure* ist als das dem Menschen Zu-fallende und Zu-kommende die Sinnerfüllung des Zufalls. Soziologischer Ausgangspunkt ist die Situation des unbemittelten, „fahrenden" Rittertums, dessen „raison d'être", eben die „Suche" nach der existenzerhaltenden *aventure*, als Mittel der Überbrückung des Zwiespalts von Lebensanspruch und tatsächlichem Leben zum Ideal des ganzen Standes, von der Not zu einer Tugend, von der Betätigung aus existenziellem Zwang zum hochgespannten Lebensideal wird[29].

Damit ihm auch wirklich zu-fällt, was ihm zu-kommt, begibt der Protagonist des Artusromans sich auf die Suche nach der *aventure – adventura*. Aventure wird zum auszeichnenden, „zukommenden", vorherbestimmten, mithin den sozialen Anspruch der vom Protagonisten repräsentierten Gruppe legitimierenden Ereignis, welches den Träger der die gestörte Ordnung wiederherstellenden, deren Gegenkräfte neutralisierenden Tat in einen überindividuellen Zusammenhang stellt. Die *queste* des höfischen Ritters integriert im Abenteuer den Zufall in einen universalgeschichtlichen Kontext, der sich in den Gralromanen zur ritterlichen Eschatologie steigert. Doch die zunehmende Umwandlung der *Aventure* ins Wunder schlägt im Widerspruch zwischen der Ideologie des Auserwähltseins und der veränderten Wirklichkeit um in die Begegnung mit einer Fortuna, deren Launen sich mit der ihr zugewiesenen Rolle einer Funktionärin der Vorsehung nicht mehr vereinbaren lassen. Der Untergang der Artuswelt, katastrophisch antizipierter Verfall des höfischen Rittertums, aus dem Gralfragment Chrétiens de Troyes zu erschließen und in den nur Jahrzehnte späteren Prosaromanen in selbstverleugnender Konsequenz

---

29 Hierzu wie zum Folgenden E. Köhler, *Ideal und Wirklichkeit in der höfischen Epik. Studien zur Form der frühen Artus- und Graldichtung* (Beihefte z. Ztschr. f. romanische Philologie, H. 97), Tübingen ²1970, S. 66 ff. und passim.

vollzogen, veranlaßt die Protagonisten, voran König Artus selbst, unbegreiflich grausame Vorsehung wieder der blinden, sinnlos waltenden Fortuna gleichzusetzen[30].

Gewiß bleibt beherrschend oder wenigstens gegen Fatalismus abschirmend die von Dante (s. bes. *Inferno* VII, 61 ff.) schlüssig formulierte Vorstellung, die Fortuna zum Instrument der göttlichen Vorsehung und ihre Gaben zu Prüfsteinen für die menschlichen Seelen macht[31]. Indessen gerät diese Auffassung schon bei Petrarca in ein eigentümliches Zwielicht. Fortunas Herrschaft, so stark empfunden, daß sich *saeculum-senescens-Stimmung* aufdrängt, legt den Gedanken nahe, daß Gott, des Gehorsams Fortunas gewiß, ihr die Herrschaft über das menschliche Leben abgetreten hat. Dagegen mußte sich im theologischen Denken selber Einspruch erheben, der – im Rückgriff auf Aristoteles und den Aquinaten – Fortunas Kompetenzen auf das rein Akzidentelle einzuschränken sucht[32]. Problematisch, weil aus jeder Ordnung sowohl der Kausalität wie der Finalität herausfallend, zeigt sich der Zufall bei Boccaccio, in dessen Novellen offenkundig wird, daß „die Welt nicht mehr schon vorgeordnet ist, sondern daß ihr ein Sinn erst abgerungen werden muß, ja daß sie nicht selten sogar fremdartig und unverständlich bleibt“[33].

Während in Frankreich jener einzigartige Zufall, der Tristan den für Marke bestimmten Liebestrank einnehmen läßt, mit seiner letalen Fatalität das providentielle Abenteuer vollkommen negiert; während die Frührenaissance in dem politisch so heimgesuchten, aber von der Feudalisierung nahezu verschonten Italien alle Kraft

---

30 S. J. Frappier, *Etude sur la Mort le Roi Artu, roman du XIIIe siècle*, Genève-Paris ²1961, S. 258 ff.; E. Köhler a. a. O. S. 196 ff.

31 Vgl. A. Doren, *Fortuna im Mittelalter und in der Renaissance*, Vorträge d. Bibliothek Warburg 1922-1932, Leipzig 1924, S. 83 ff.; E. Lommatzsch, *Beiträge zur älteren italienischen Volksdichtung*, Berlin 1951, Bd. II, S. 65 ff.

32 Hierzu K. Heitmann, *Fortuna und Virtus, Eine Studie* zu *Petrarcas Lebensweisheit*, Köln–Graz 1958, und O. Roth, *Studien zum „Estrif de Fortune et Vertù“ des Martin Le Franc*. Bern 1970 (Europäische Hochschulschriften Reihe XIII, Bd. 6).

33 H.-J. Neuschäfer, *Boccaccio und der Beginn der Novelle. Strukturen der Kurzerzählung auf der Schwelle zwischenMittelalter und Neuzeit* (Theorie und Geschichte der Literatur und der schönen Künste Bd. 8), München 1969, S. 89.

und List der individuellen *virtù* aufbietet gegen die allmächtig scheinende Fortuna, vermag das Vertrauen in die Sinnesimmanenz ritterlichen Daseins unter den besonderen Bedingungen der *spanischen* Entwicklung zu überleben. Erst Cervantes konfrontiert den Helden einer illusionären Literaturgattung mit der Gesamtwirklichkeit des Lebens. Der Zufall erweist sich jetzt, wie Werner Krauss formuliert, als „verborgene Gottheit einer modernen Welt, die aus ihrer einst verbürgten Ordnung gefallen ist".

Bei allen Begegnungen Don Quijotes ist „der Zufall Herr und Gebieter. Der Zufall treibt die verschiedensten Typen aus allen Ständen auf die Laufbahn des Helden"[34] – im Gegensatz zur Welt des alten Ritterromans, die zur Gänze für die ritterliche Bewährung präpariert war. Zufällige Siege unterbrechen die Kette der Niederlagen und gestatten Don Quijote, diese letzteren als das Werk eines bösen Zauberers zu erklären, den zu überwinden wiederum er selber aufgerufen ist. Doch schließlich vermag selbst der Wahn des armen Ritters aus der Mancha die schmerzliche Säkularisation des Zufalls nicht mehr zu ignorieren.

Inzwischen war, ebenfalls in Spanien, eine Erzählgattung entstanden, die sich des Providenzgedankens von vorneherein entschlagen hat: der Pícaro-Roman. Er wirkt in Frankreich, später auch in England und Deutschland, wie ein Katalysator, der in der Romantheorie wie in der Romanpraxis den fälligen Einspruch gegen die illusionäre Welt des heroisch-galanten Romans entbindet. Diese letztere Species, französisch kulminierend und sich diskreditierend in den Werken der Madeleine de Scudéry, ist charakteristisch für das obsolete Wunschdenken einer feudal-aristokratischen Oberschicht, die zwar noch höchstes soziales Prestige, nicht aber mehr die politische und ökonomische Präponderanz genießt, die jenes Prestige begründet hatte. Zwar orientieren sich diese Romane strikt am Postulat einer kausalen Motivierung des Geschehens, doch ist diese, wie C. Lugowski überzeugend dargelegt hat[35], reduziert auf eine Kausalität im Ablauf der einzelnen Episoden, auf eine Kausalität von Fall zu Fall, die sich nicht mehr zu der Ein-

---

34 W. Krauss, *Miguel de Cervantes. Leben und Werk*, Neuwied und Berlin 1966, S. 147 und 148.

35 C. Lugowski, *Wirklichkeit und Dichtung, Untersuchungen zur Wirklichkeitsauffassung Heinrich v. Kleists*, Frankfurt a. M. 1936.

heit eines übergreifenden Begründungszusammenhangs schließt, auf den sie Anspruch erheben möchte. Der Zufall – und es wimmelt in diesen Romanen von Zufällen – ist nichts weiter als das Bild, das sich der in der Wirklichkeit isolierte Mensch von der gefühllosen und im wörtlichen Sinn unmenschlichen Kausalität macht"[36]. Doch gerade das durch historische Kausalität unwahrscheinlich Gewordene bedarf eines hohen Grades an kausaler Motivation im Einzelnen, um sich zu behaupten. Nur in so gearteter, nach der Fronde rapide unglaubwürdig werdender Fiktion konnte der universalistisch legitimierte Anspruch des Hochadels sich noch einmal als ein verkappt politischer zum Wort melden.

Diesem Roman, welcher der ganzen Gattung ungeachtet ihrer theoretischen Anlehnung an das Epos den Verruf des „Romanesk"-Verlogenen einträgt, opponiert der „realistische" Roman: bürgerliche Antwort auf die gleiche geschichtliche Gesamtsituation, deren wichtigster Sprecher Sorel in den Helden der inkriminierten Gattung nur noch „Maskeraden-Figuren", in ihren Erlebnissen nur noch „chimärische Abenteuer" zu sehen vermag[37]. Der neue, „realistische" Roman verzichtet auf die Darstellung eines Kausalnexus, der Zufall tobt sich aus, selber bereits wieder ins Unwahrscheinliche umschlagend, bloß um der Demonstration willen, daß im empirischen Leben alles anders kommt als Wunschdenken es sich vorstellt. Nicht allein Opposition zu einer Gattung, in der nur Personen fürstlichen Geschlechts in Krieg und Liebe sich des Universums bemächtigen ist es, was eine eingestanden kontingente Romanstruktur aufbietet gegen eine, die auf Umwegen noch einmal auf Providenz besteht. Es ist die prekäre Situation des Bürgertums selbst, zwischen altem Adel und Absolutismus, die seine Lebenswirklichkeit im Zeichen des „Komischen" als kontingentes Geschehen, als Antiroman, dem teleologischen Duktus der ideali-

---

36 Lugowski a. a. O. S. 22–23.

37 *De la connaissance des bons livres* (1671): [Quelques Autheurs] ne voyent pas que les bons Livres Comiques sont des Tableaux naturels de la Vie humaine, au lieu que pour eux ils ne représentent souvent que des Héros de masquerade, et des aventures chimériques. Les personnes de mérite et de bonne condition servent de sujet aux Romans Comiques, autant que les gens de basse étoffe. (Zit. nach A. Pizzorusso, *La poetica del romanzo in Francia*, Roma 1962, S. 53.)

stischen Romane entgegenstellt und zu diesem Behuf sowohl die Pikareske wie die cervantinische Parodie rezipiert. Francions, des Sorelschen Helden Abenteuer münden ein in ein privates Glück, an dessen Zustandekommen keines jener Abenteuer Anteil hat.

Während Sorel und Scarron das Aggregat rein zufälliger Abenteuer immerhin noch zu einem Romangeschehen mit sinnvollem Abschluß organisieren, gerät der Zufall bei Furetière zum Zerfall der Romanfabel. Sarkastisch mokiert Furetière sich über Romanhelden, deren Liebesseufzer aufgrund ihrer hohen Stellung die ganze Welt erschüttern. Seinen eigenen „Helden", „qui ne seront ny heros ni heroïnes, qui ne dresseront point d'armées, ny ne renverseront point de royaumes, mais qui seront de ces bonnes gens de médiocre condition, qui vont tout doucement leur grand chemin ..."[38], werden nur „kleine Geschichten" zugeteilt, „qui n'ont rien de commun ensemble". Die Sorge, sie miteinander zu verbinden, überläßt der Autor dem Buchbinder[39]. Dem Leser wird erklärt, er dürfe im zweiten Teil nicht auf eine Fortführung der Handlung hoffen, weil eine solche Erwartung sich nicht mit der Wirklichkeit des Lebens vereinbare: „Le hasard plustost que le dessein y pourra faire rencontrer des personnages dont on a cydevant parlé"[40].

Furetières Polemik gegen eine Romanform, die durch einen massiven Aufwand an detaillierten Kausalmotivationen den verlorenen Geltungsanspruch der alten Führungselite noch einmal providentiell zu bergen versuchte, ist 1666 gewiß noch nicht völlig überholt. Die Gestalt, welche sie in der Struktur des *Roman bourgeois* annimmt, ist jedoch nicht allein davon bestimmt, wogegen sie sich richtet, sondern ist ebenso bedingt durch das pessimistische Bild, das Furetière von seinem eigenen Stand zeichnen zu müssen glaubt. Viel mehr als anderen zeitgenössischen Satirikern der bür-

---

38 *Le roman bourgeois,* in: *Romanciers du XVIIe siècle,* Paris, Bibliothéque de la Pléiade, 1958, S. 904.

39 „Ce sont de petites histoires et aventures arrivées en divers quartiers de la ville, qui n'ont rien de commun ensemble, et que je tasche de rapprocher les unes des autres autant qu'il m'est possible. Pour le soin de la liaison, je le laisse à celuy qui reliera le livre." (A. a. O. S. 1025).

40 A. a. O. S. 1026.

gerlichen Lebensform ist Furetière das Verständnis dafür verlorengegangen, daß eine Klasse, die längst mehr ist, als sie scheinen darf, eine so fatale Neigung entwickelt, mehr zu scheinen als zu sein, daß die Laster, die er geißelt – etwa Ehrgeiz als Strebertum, Sparsamkeit als Geiz – Voraussetzungen für den Aufstieg des Bürgertums sind. Die eigene Klasse erscheint Furetière als eine Welt der Regellosigkeit, als Tollhaus kleinlicher und egoistischer Laster und kümmerlicher Tugenden, denen keine Zukunft blüht. Der Pessimismus des Enttäuschten sieht in der Welt der „bonnes gens de médiocre condition" nur die totale Richtungslosigkeit, die sich niederschlägt im Gebrauch des Zufalls zum Zweck der Zerstörung einer Romanfabel, die ihren Protagonisten erlaubt hätte, ihre „kleine Geschichte" wenigstens, wie bescheiden auch immer, zu beschließen. Furetière führte den realistischen Roman in eine Sackgasse und brachte ihn um das Publikum, das er ansprechen wollte, und das sich nicht dazu verstehen mochte, die erbärmlichen Seiten der bürgerlichen Existenz als deren Wesen wiederzuerkennen. Die aufsteigende Klasse ist, wie sehr sie auch in dieser Phase unter dem Eindruck der Kontingenz stehen mag, nicht bereit, mit der Anschwärzung ihrer Lebensformen auch noch den Verzicht auf Zukunftserwartung zu akzeptieren.

Was dem Bürgertum als Klasse noch versagt bleibt, gelingt einzelnen Individuen in der Form sozialen Parvenierens. Für die literarische Gestaltung solcher die Gesamtbewegung antizipierender Karrieren bot sich abermals die Pikareske an.

Der pikareske Held tritt in eine Welt, in der nichts ihn zu der Illusion einlädt, sie sei für ihn zubereitet, die nicht einmal Raum läßt für Solidarität mit Seinesgleichen. „Solo soy" – so statuiert schon Lazarillo de Tormes die Grundbefindlichkeit seiner Existenz. Weder eine fürsorgliche Providenz noch ein schützendes Kollektiv entheben ihn der prästabilierten Heimatlosigkeit. Die Ich-Form des pikaresken Erzählers kommt nicht von ungefähr. Allein auf sich selbst angewiesen, bar einer legitimierenden Ideologie, bezieht der Pícaro seine Kraft zum Bestehen aus der noch unreflektierten Erkenntnis, daß die gleiche Kontingenz, die ihn der Misere seiner zufälligen Geburt anheimgab, auch die Chance bietet, dieser Misere zu entrinnen.

In der kontingenten Welt offeriert der Zufall gerade jenem Einzelgänger soziale Einbruchstellen, dem kein Privileg und kein übergeordneter Sinn Skrupel auferlegen, der Moral durch Erfahrung ersetzt und den die Fähigkeit auszeichnet, im Griff nach dem Zufall das für ihn konkrete Mögliche optimal zu nutzen. Der pikareske Roman trägt durch alle Abwandlungen hindurch mittels der reinen Kontingenz seines Geschehens die Entgötterung des Zufalls in der Perspektive des dritten Standes bis in die französische Aufklärung – literarisches Vehikel jener wachsenden Einsicht in die sinnwidrige Zufälligkeit der Geburt, die im 18. Jahrhundert ihre revolutionäre Stoßkraft gewinnt.

Verhalten noch, immer wieder zurückgenommen in die Anerkennung der Tatsache, daß die hierarchische Ständeordnung unabänderlich existiert, setzt zum Jahrhundertanfang der literarische Aufstand ein gegen den Zufall der Geburt im Thema der Rivalität zwischen Herr und Diener in den Komödien Lesages und Regnards, dem Rollentausch in Marivaux' Stück *Le jeu de l'amour et du hasard*, besonders akzentuiert in *L'île des esclaves* (und in der Empörung des Bauernsohns Jacob in *Le paysan parvenu*) bis zur offenen Anklage in Beaumarchais' *Le mariage de Figaro* kurz vor der Revolution (von Diderots *Jacques le Fataliste* ist weiter unten zu sprechen)[41]. In Deutschland faßt, ebenfalls kurz vor der Revolution, Karl Philipp Moritz den Protest der bürgerlichen Aufklärung gegen den Zufall der Geburt und die von der Gesellschaftsordnung verursachte Degradierung der von ihm nicht Privilegierten zusammen:

> „Ist etwas ungezweifelt Zufall, so ist es die Geburt, und der Zusammenhang der Dinge, in welchen der Mensch dadurch versetzt wird. Das Schicksal der meisten Menschen ist schon gemacht, ehe sie geboren sind. Und was hat uns anders zu Sklaven des Zufalls erniedrigt, als die menschlichen Einrichtungen selbst, wodurch eine Generation der andern Fesseln anlegt, die immer härter werden, je näher sich die Menschen aneinander schließen. Ist nicht die, unbeschadet ihrer Fortdauer

---

41 Vgl. E. Köhler, *„Est-ce que l'on sait où l'on va?" – Zur strukturellen Einheit von Diderots Jacques le Fataliste et son Maître*, Romanistisches Jahrbuch XVI (1965) S. 128 ff. bes. S. 130 f. und S. 141, Anm. 53. Vgl. auch H.-J. Neuschäfer, *Die Evolution der Gesellschaftsstruktur im französischen Theater des 18. Jahrhunderts*, Romanische Forschungen 82 (1950) S. 514 ff.

und Fortpflanzung, höchstmögliche Vereinzelung der Menschen, vielleicht der einzige Zustand, worin sie noch glücklich sein könnten?"[42]

Der hier als Ausweg ins Auge gefaßte Rückzug in die Innerlichkeit tritt bei Beaumarchais noch kaum ins Blickfeld. Figaros berühmter Monolog (*Le mariage de Figaro* V, 3) meint in der Person des Grafen Almaviva das durch kein Verdienst gerechtfertigte Skandalon von Reichtum und Macht des Adels:

„Noblesse, fortune, un rang, des places, tout cela rend si fier! Qu'avez-vous fait pour tant de biens? vous vous êtes donné la peine de naître, et rient de plus. Du reste, homme assez ordinaire . . ."

Nicht ein Naturrecht wird beschworen, um den Anspruch auf Gleichheit zu erheben, sondern das Übermaß an Leistung, das die „Bizarrerie" des Zufalls demjenigen abverlangt, der niedrig geboren wurde, und der es erbringt:

„. . . tandis que moi, morbleu! perdu dans la foule obscure, il m'a fallu déployer plus de science et de calculs pour subsister seulement, qu'on n'en a mis depuis cent ans à gouverner toutes les Espagnes. [. . .] Est-il rien de plus bizarre que ma destinée?"

Unüberhörbar ist in diesem Monolog, der als Ganzes zu lesen ist, das keinen Aufschub mehr duldende Pochen des Bürgertums auf eine soziale und politische Stellung, die seine tatsächliche gesellschaftliche Leistung honoriert. Darüber täuscht nicht hinweg der Umstand, daß der Werdegang Figaros alle Züge einer Pícaro-Karriere trägt.

Der Antrieb des ältesten Pícaro ist der Hunger. Doch steckt er sich bereits ein weiteres Ziel: „arrimarse a los buenos por ser uno dellos"[43]. Der Bauernsohn Jacob in Marivaux' *Le Paysan parvenu* wird sich zum Akrobaten der Anpassung entwickeln. Gelegentliche Ansätze zur sozialen Revolte ersticken, da ein neuer günstiger Zu-

---

42 *Fragmente aus dem Tagebuch eines Geistersehers.* Wir zitieren nach dem Autor, bei dem wir auf diese Stelle gestoßen sind: H. Mayer, *Kaspar, der Fremde und der Zufall. Literarische Aspekte der Entfremdung.* In H. M., *Das Geschehen und das Schweigen. Aspekte der Literatur,* Frankfurt a. M. 1969 (edition suhrkamp 342), S. 104.

43 *Lazarillo de Tormes,* Ed. Valbuena Prat, in: *La novela picaresca española,* Madrid, Aguilar, 1965, S. 111.

fall sogleich die seltenen Hemmnisse aus dem Wege räumt. Erfolg ist allemal der Vater der Affirmation. Der Pícaro hat keine Ethik, solange er ein Außenseiter der Gesellschaft ist. Jacob legt sich jeweils diejenige der sozialen Schichten zu, in die er gerade vorgestoßen ist, ohne jemals in einen Gewissenskonflikt zu geraten. Er verdankt seine steile Karriere der Virtuosität in der Ausbeutung von Zufällen, die sich ihm genau dort auftun, wo die Zäune zwischen den Ständen schadhaft geworden sind. Doch die übergreifende historische Notwendigkeit, die in der durchlässig gewordenen sozialen Hierarchie des späten Ancien Regime Glücksritterkarrieren von der Art des *Paysan parvenu* zuläßt, enthält auch die ungleich wahrscheinlichere Möglichkeit, daß der Zufall nur das Scheitern an der Chance besiegelt, die er bereitstellte. Die Leidensgeschichte des Chevalier Des Grieux in Prévosts Roman *Manon Lescaut* demonstriert die abschüssige Bahn eines Lebens, in dem der gierige Griff nach dem glückverheißenden Zufall in fataler Wiederholung auf den modernen Dämon des Geldes als einer neuen Bedingung des Möglichen stößt und mit dessen Gesetz, daß seine Qualität allein auf seiner Quantität beruht, nichts anzufangen weiß. Vergeblich bleibt hier die desperate Anstrengung, den Zufall der Geburt mit Hilfe des Zufalls selbst zu überwinden[44].

In Rousseaus Roman *Julie ou la Nouvelle Heloïse* besiegelt der vom Zufall verursachte Tod der Protagonistin das Scheitern der anfänglichen Erwartung möglichen Glücks am Zufall der niedrigen Geburt des ersten und einzigen Geliebten, scheitert ein Füreinander-Geboren-Sein, mit ihm aber auch, im vergeblichen Versuch der persönlichen Entsagung, ein utopisches, weil gesamtgesellschaftlich konzipiertes Tugendideal, in dem zwangsläufig normative und in Repression durchschlagende „raison" als Grundlage einer neuen Gesellschaftsordnung mit der individuellen „passion", angeblich zu deren Gunsten, in Wahrheit auf ihre Kosten, versöhnt werden sollte. Der Zufall verhindert eine falsche harmonisierende Lösung. Was an dem Rousseau der *Nouvelle Heloïse* authentisch ist – auf andere Weise als dem des *Contrat Social* – ist seine Unfähigkeit, den Grundwiderspruch seiner Epoche zu überspringen

---

44 S. E. Köhler, *Esprit und arkadische Freiheit. Aufsätze aus der Welt der Romania,* Frankfurt a. M.–Bonn 1966, S. 171 ff.

in Richtung auf utopische Konstruktionen, die, wie bei Morelly und Mercier, gezwungen sind, den Zufall abzuschaffen[45].

Wo der Zufall, statt hilfreich zu sein, nur die finstere Seite des Möglichen hervorkehrt, kann er sich nicht im pikaresken Roman ansiedeln. Eine dritte Untergattung des Romans leiht dem Denken der Aufklärung die bewährte Stringenz ihrer kontingenten Struktur: der Roman hellenistisch-byzantinischer Herkunft. Schon der Titelheld von Voltaires philosophischer Erzählung *Zadig* muß erfahren, daß alles, was eintritt, stets wider die Erwartung eintritt, daß es vor allem das Gute mit Bösem belohnt. Ein Abgesandter des Himmels belehrt den zweifelnden Helden: „il n'y a point de hasard: tout est épreuve, ou punition ou récompense, ou prévoyance . . ."[46]. Dem einwendigen „Aber" Zadigs entzieht sich der Engel durch Entschweben. Eine Kette absurder Zufälle, die auch das Erdbeben von Lissabon einschließt, verkehrt im *Candide* das Schema des hellenistischen Romans in grimmiger Parodie zum kompletten Nachweis einer Sinnwidrigkeit, die bestenfalls die resignierte Lösung übrig läßt, „procul negotiis" seinen Gemüsegarten zu bestellen.

Der erzählerische Zufall hat in der späteren Aufklärung seine Unschuld endgültig verloren. Palliative von der Art, wie die Prin-

---

45 Morelly, *Le code de la nature* (1755), éd. E. Dolléans, Paris 1910, S. 48–9: „Ce *hazard,* cette prétendue *fatalité morale* ne sont que des effets de la discordance des volontés auxquelles vous devez vous attendre, pour avoir négligé les vrais moyens d'associer ces volontés, conformément aux intentions de la Nature: il n'entre point de hazard dans son plan, point de vicissitudes monstrueuses dans son cours, dans ses révolutions; sa marche est constante, uniforme; enfin, je le répète, ce hazard qui change les Républiques en Monarchies, et celles-ci en gouvernemens tyranniques, n'est point une véritable fatalité; il n'y a rien en cela de fortuit; la cause n'en est que trop sensible; c'est la propriété, l'intérêt, qui tantôt associent les hommes, et tantôt les subjuguent et les oppriment." – Die Bürger von Merciers utopischem Staat (1771) haben den Zufall aus ihrem Wortschatz gestrichen: „Nous n'avons rien remis au hasard; c'est un vieux mot dépourvu de sens et entièrement banni de notre langue." (Louis-Sébastian Mercier, *L'An deux mille quatre cent quarante. Rêve s'il en fut jamais.* Ed. p. R. Trousson, Bordeaux 1971, S. 297.)

46 *Œuvres complètes de Voltaire,* Paris 1785, t. 56, S. 120. Vgl. hierzu auch E. Nef, *Der Zufall in der Erzählkunst,* Bern–München 1970, S. 16.

cesse de Clèves sie aufbot, sind undenkbar geworden. Die Frage nach der Möglichkeit des Glücks fällt zusammen mit der Frage, wie das Übel in die Welt kommt. In Einem hat Voltaire Leibniz nicht widerlegen können noch wollen: daß diese Welt nur *eine* von vielen möglichen ist. Daß sie auch die beste aller möglichen sei, dazu konnte er sich nicht verstehen, eher, daß sie die schlechteste sei. Zeitlebens ist Voltaire beunruhigt von der Aporie, daß Gott entweder allgütig, aber nicht allmächtig sein kann, da er sonst das Übel nicht zuließe, oder allmächtig, aber dann nicht gut. Die Entscheidung für den Deismus erlaubt es Voltaire, beim Agnostizismus innezuhalten. Der lebensbestimmende Zufall ist Schickung, die niemand geschickt hat, ist Fügung, die von niemand gefügt wird.

Damit mochte sich ein radikaler Fortführer des Voltaireschen Denkens nicht abfinden. Was bei Voltaire noch im Gelächter aufgehoben war, wird grausiger Ernst im Werk des Marquis de Sade. In endloser Wiederholung und wahnwitziger Steigerung peitscht der Zufall die Tugend von Tortur zu Tortur und hilft dem Laster von Genuß zu Genuß. Hold ist der Zufall nur dem Unhold, den Unschuldigen vernichtet er. Nicht, daß *kein* Gott sei, ist die schreckliche Konsequenz bei Sade, sondern daß der Zufall der Herrschaftsmodus einer bösen Naturgottheit, eines „être suprême en méchanceté", sein muß. Eine Kontingenz, in welcher das Mögliche sich bloß als schlechte Notwendigkeit realisiert, erzwingt im Denken Sades den Umschlag in die Vorstellung von der Providenz eines satanischen Prinzips.

Allein einer Elite des Verbrechens, die das Gebot des Bösen erfüllt, winkt das Glück. Was *sie* plant, wird vom Zufall niemals durchkreuzt, sondern unterstützt. Während noch in der zweiten Fassung von Sades *Justine ou les Infortunes de la vertu* die lasterhafte Juliette unter dem Eindruck der Leidensgeschichte ihrer Schwester Justine bekehrt wird, verfährt der Autor in der dritten Fassung mit entsetzlicher Folgerichtigkeit. Juliette und ihre Kumpane jagen Justine in ein Gewitter hinaus, nachdem sie geschworen haben, ein frommes Leben zu führen, falls der Blitz die tugendhafte Justine verschonen sollte. Die wenig wahrscheinliche Möglichkeit tritt ein: Justine wird vom Blitz erschlagen. Der provozierte Zufall erweist sich als willfähriges Instrument jener Providenz des bösen Wesens, zu der die schlechte Notwendigkeit in der Vorstellung Sades sich hypostasiert. Die düstere Konsequenz des

Sadeschen Denkens postuliert eine monströse Naturgottheit, die jetzt ausholt, um die Arroganz einer sich ihr obstinat widersetzenden Tugend zu bestrafen. Albert Camus war im Recht, als er den Marquis de Sade als ersten Vertreter der „metaphysischen Revolte" einstufte und den Schluß der *Justine* als infernalisches Gegenstück zu Pascals Wette interpretierte[47].

Der Handwerkersohn Diderot zieht durchaus andere Konsequenzen aus dem gleichen Weltzustand als der Aristokrat de Sade. Die Symbiose dreier Erzählgattungen mit kontingenter Struktur, der hellenistischen, der pikaresken und der quijotesken, beglaubigt in dem Roman *Jacques le Fataliste et son Maître* eine Zufallstheorie von bestürzender Modernität[48]. Die ins Bewußtsein gerückte historische Dialektik von Herr und Knecht, von der Hegels berühmtes Kapitel in der *Phänomenologie des Geistes* seinen Ausgang nehmen wird, artikuliert sich in einer geradezu obsessionellen Thematisierung des Zufalls. Unablässig treibt der Erzähler sein Spiel mit der romanesken Erwartung des Lesers im Namen der Autonomie eines kontingenten Geschehens, widerlegt der Diener Jacques die auf das einfältige Vertrauen in den gesellschaftlichen Status quo heruntergekommene Überzeugung des Maître von der Macht des „liberum arbitrium". „Comment s'étaient-ils rencontrés? Par hasard, comme tout le monde". Damit beginnt Diderots vertracktester Roman[49]. Daß *dieser* Diener und *dieser* Herr sich zufällig getroffen haben widerlegt nicht die historische Notwendigkeit des Abhängigkeitsverhältnisses von Herr und Knecht, die lange Phase der Herrschaft und der Knechtschaft. Ihre Subsumierung aber unter eine allmächtige Kontingenz bedeutet, daß ihr Dauer, und d. h. Zukunft, grundsätzlich bestritten wird. Daß dem Knecht beschieden ist, Knecht zu bleiben, dem Herrn, weiterhin Herr zu sein, das glaubt nur der Herr zu wissen. Jacques, der Knecht, konzediert dies als eine Möglichkeit, aber als eine, die unwahrscheinlich geworden ist. Er weiß: Der Zufall kann bewirken, daß aus dem Bastard, aus dem der Maître einen Tischler machen will, ein Cromwell wird,

---

47 *L'homme révolté*, Paris 1951, S. 55.

48 S. E. Köhler, *„Est-ce que l'on sait où l'on va?" – Zur strukturellen Einheit von Diderots Jacques le Fataliste et son Maître*, in: *Romanistisches Jahrbuch* XVI (1965) S. 128–148.

49 Diderot, *Œuvres romanesques*, éd. H. Bénac, Paris, Classiques Garnier, 1951, S. 493.

der seinem König den Kopf abschlagen läßt. Fatalismus und Determinismus des Dieners sind revolutionär, weil sie die Notwendigkeit als eine Fülle von Möglichkeiten begreifen, die Veränderung postuliert, während der Herr – ich benutze eine Formulierung Ernst Blochs – in „jenem statischen Wahn lebt, daß alles Mögliche im Wirklichen bereits ausgestaltet sei"[50].

Der bizarre, ebenso unvorhersehbare wie unausweichliche Zufall, der nun erstmals auch dem Erzähler das Privileg der Omniszienz entzieht, widerlegt die vom gesellschaftlichen Zustand abgeleitete Norm und konstituiert sich selbst als ein Naturgesetz. Das Mögliche wird Prädikat einer antizipatorischen Notwendigkeit, die, in der Perspektive des Vierten Standes, noch der extremen Strapazierung des Zufalls, d. h. seiner Quasi-Unwahrscheinlichkeit bedarf, um sich ideologisch unter den scheinbar unverrückbaren Verhältnissen des Ancien Régime zu behaupten. Doch gerade dieser Umstand erzeugt eine moderne Konzeption der Dialektik von Zufall und Notwendigkeit, die das mechanische Schema von Ursache und Wirkung durchbricht. Wenn Diderots Erzähler drei denkbare Lösungen der von einem Zufall abgebrochenen Geschichte seines Helden skizziert und offenläßt, welche tatsächlich eingetreten ist, so besagt dies nichts anderes, als daß *eine* bestimmte Situation durchaus verschiedene Folgen, *eine* Ursache mehrere Wirkungen haben kann, deren Auswahl dem Zufall überlassen bleibt.

Diderots *Jacques le Fataliste et son Maître* darf als glänzendes Beweisstück dafür gelten, daß innerhalb noch unentfalteter, vorerst nur tendenziell wahrscheinlicher Möglichkeiten einer Epoche im philosophischen und literarischen Überbau antizipiert werden kann, was die folgende Epoche wesentlich bestimmt. Wenn Diderot die moderne Problematik des Erzählens, ja Elemente der Romantheorie des 20. Jhs. im Zusammenhang mit einer ebenso modernen dialektischen Konzeption des Verhältnisses von Zufall und Notwendigkeit vorwegnimmt, so deshalb, weil er, den Antagonismus von Herr und Knecht im überreifen Ancien Régime durchdenkend, „bis zum vierten Stand, der im engeren ökonomischen Sinn produktiven Schicht, vorstieß und damit die Grenzen der bürgerlichen Ideologie zu überschreiten vermochte"[51].

---

50 *Das Prinzip Hoffnung*, Berlin 1954, I, S. 267.
51 E. Köhler, a. a. O. S. 130.

Diderots erst von Hegel wiederaufgenommene Dialektik bleibt im 18. Jh. einsamer Vorgriff. Für das Selbstverständnis der bürgerlichen Aufklärung mußte, ungeachtet der gemeinsamen Ablehnung der Providenz, das Verhältnis zum Zufall ein zwiespältiges sein. Es war für sie zwingend, den Zufall insoweit zu bekämpfen, als er als Zufall der Geburt zu einer unerträglichen Fessel wurde und in der historischen Etappe evidenter sozialer Leistung gegenüber einem parasitär gewordenen Adel gesellschaftliche Anerkennung versagte. Sie mußte den Zufall andererseits akzeptieren, ja sogar enthusiastisch feiern als eine Lebensmacht, an der sich nicht nur die Chance, sondern auch der naturrechtliche Anspruch auf Durchbrechung der sozialen Determination bezeugt. Die aufklärerische Phase der Genietheorie hat hier ihren „Sitz im Leben". Wenn Montesquieu alle scheinbar zufälligen politischen und militärischen Ereignisse der Determination durch die „causes générales" subsumiert[52], Chamfort jede große geistige Tat dem „Zufall" zuschreibt, gerade zu der Zeit geboren zu sein, da alle Bedingungen für jene Tat vorhanden sind[53], so gründen diese bedeutsamen Einsichten in einem tiefen Mißtrauen gegenüber, ja im Protest gegen eine voluntaristische Konzeption des Geschichtsverlaufs als Resul-

---

52 „Il y a des causes générales, soit morales, soit physiques, qui agissent dans chaque monarchie, l'élèvent, la maintiennent, ou la précipitent; tous les accidents sont soumis à ces causes; et si le hasard d'une bataille, c'est-à-dire une cause particulière, a ruiné un Etat, il y avait une cause générale qui faisait que cet Etat devait périr par une seule bataille: en un mot, l'allure principale entraîne avec elle tous les accidents particuliers" *(Considérations sur les causes de la grandeur des Romains et de leur décadence*, Chap. XVIII, *Œuvres Complètes*, Paris, Editions du Seuil, 1964, S. 472).

53 „Pour être un grand homme dans les lettres, ou du moins opérer une révolution sensible, il faut, comme dans l'ordre politique, trouver tout préparé et *naître à propos*" (*Maximes et Pensées* 201, 2). Chamforts Skeptizismus wird manifest in der Absichtserklärung: „Vous connaissez le néant des idées et des grandeurs humaines. Mon dessin fut de juger les réputations et le hasard qui y préside" *(Œuvres complètes de Chamfort*, p. p. P. R. Auguis, Paris 1824, I, S. 316). Vorangegangen war La Rochefoucauld: „Quoique les hommes se flattent de leurs grandes actions, elles ne sont pas souvent les effets d'un grand dessin, mais des effets du hasard" (*Réflexions ou sentences et maximes morales* LVIII, Ed. Classiques Garnier, Paris 1957, S. 12).

tat sozial und providentiell privilegierter Täterschaft der etablierten Führungsschicht des Hochadels und der Monarchie. Wenn andererseits der Enzyklopädieartikel *Génie* das Genie als Gipfelmöglichkeit schöpferischer Individualität preist, die sich erst gegen die Norm, gegen die Regel in totaler Freiheit entfaltet, und ein Helvétius verkündet: „Toute idée neuve est un don du hasard", so wird hier die individuelle, jede soziale Schranke durchbrechende und sie grundsätzlich widerlegende Leistung inthronisiert[54]. Sucht man nach einer Aufhebung dieses offenkundigen Selbstwiderspruchs der bürgerlichen Aufklärung, so findet man sie abermals beim späten Diderot, in der Einheit des sich selbst über seine Verfremdung klaren „zerrissenen Bewußtseins" (Hegel) des *Neveu de Rameau.*

---

54 Gerade diese Dialektik wird bei Helvétius deutlich. Begabung – an sich stets zufällig – offenbart sich als exzeptionelles Genie – als absoluter Zufall – dort, wo eine bildungsfeindliche Gesellschaft sie zwingt, sich mit Geltungsbedürfnis zu verbinden, um nicht unterzugehen: „Supposons que, pour produire un homme de génie, le hasard doit se combiner en lui avec l'amour de la gloire; supposons encore qu'un homme naisse dans un gouvernement ou, loin d'honorer, on avilisse les talens: dans cet empire, il est évident que l'homme de génie sera entièrement l'œuvre du hasard". (*De l'homme*, *Œuvres d' Helvétius*, Paris 1818, II, S. 194.)
Genie wird partiell immer ein Geschenk des Zufalls sein – „le génie est en partie un don du hasard" (S. 193) – und doch ist die „inégalité des esprits [. . .] moins en nous l'effet du partage trop inégal des dons du hasard, que de l'indifférence avec laquelle on les reçoit" (S. 195). Ein Erziehungssystem, wie Helvétius es zu entwerfen versucht, wird den Geltungsbereich des zufälligen Genies deshalb beschränken, weil es allen Begabungen die Möglichkeit zur Entfaltung eröffnet: „il est certain [. . .] qu'en observant les moyens employés par le hasard pour former de grands hommes, on peut, d'après cette observation, modeler un plan d'éducation qui, les multipliant dans une nation, y rétrécisse infiniment l'empire de ce même hasard, et diminue la part immense qu'il a maintenant à notre instruction" S. 195).

II ENTFREMDETE KAUSALITÄT UND KONTINGENZ

„Si le Hasard n'est pas, il faut admettre le Fatalisme, ou la coordination forcée des choses soumises à un plan général."
Balzac, *Louis Lambert*

Die radikale Infragestellung des providentiellen Zufalls, in der sich alle Aufklärer treffen, nimmt eine andere Gestalt an, wo sie, von den Interessen des dritten Standes gesteuert, nach dessen Sieg in der Revolution neu zur Debatte steht. Die Ideologie des Bürgertums setzt auf eine Kausalität, die den Zufall als bloß undurchschautes Glied in einer lückenlosen Kausalkette, oder aber als individuellen Motor der Entwicklung in eine Teleologie des unaufhaltsamen Aufstiegs integriert. Sie braucht, zur Herrschaft gelangt, nicht davor zurückzuscheuen, Kausalität und Aufstiegserwartung nun ihrerseits mit wie immer säkularisierter, aber auch den Anschluß an eine neue Gläubigkeit nicht verschmähender Providenz zu verbrämen und ihre Herrschaft vorsorglich abzusichern in ideologischer Prophylaxe.

In eigentümlicher individueller und widersetzlicher Brechung spiegelt sich dieser Sachverhalt im Schicksal des ersten plebejischen Rebellen gegen die Gesellschaft der Restauration. Stendhals Julien Sorel ist „Inbegriff einer Zeit, die in der verkleideten Aufsässigkeit die einzig mögliche Form des Heldentums und der revolutionären Freiheit sieht"[1]. Verkleidung muß den entlarvenden Zufall fürchten. Von Napoleon wird berichtet, daß er beim Kartenspiel betrog, weil er den Zufall haßte. Auch darin hält Julien Sorel es mit seinem Idol: „Son orgueil ne voulut rien laisser au hasard et à l'inspiration du moment"[2]. Das Bewußtsein von der Zufälligkeit

---

1 H. Friedrich, *Drei Klassiker des französischen Romans*, Frankfurt a. M. ²1950, S. 56.

2 *Romans et Nouvelles*, Bibl. de la Pléiade, Paris 1956, Bd. I, S. 293.

der niederen Geburt im hochveranlagten Individuum hat sich zum traumatischen Haß gegen den Zufall gesteigert. Karl Marx und Friedrich Engels haben die sozialgeschichtliche Situation, als deren frühestes profiliertes literarisches Produkt Julien Sorel uns erscheint, mit den Worten umrissen: „Der Unterschied des persönlichen Individuums gegen das Klassenindividuum, die Zufälligkeit der Lebensbedingungen für das Individuum tritt erst mit dem Auftreten der Klasse ein, die selbst ein Produkt der Bourgeoisie ist. Die Konkurrenz und der Kampf der Individuen untereinander erzeugt und entwickelt erst diese Zufälligkeit als solche"[3]. Als außerordentliches Individuum ist Julien Sorel sogleich seiner systemintegrierten Familie entfremdet, ja von ihr ausgestoßen. Sein „Widersacher ist das Klassensystem, das den Aufstrebenden erdrückt oder ihm nur die Chance der Lüge und des Immoralismus läßt"[4]. Julien unterwirft sich dem Gesetz der Gesellschaft, die er vorfindet, um über den Zufall seiner Herkunft zu obsiegen, wie dereinst Marivaux' Jacob, doch ohne dessen naiv-instinktive Sicherheit. Für Julien geht es in der keine Ermüdung des Willens erlaubenden und die Perfektion der Hypokrisie erfordernden Kalkulation der eigenen Karriere um Leben oder Tod.

Da die Zufälle, die auch ihm behilflich sind, mehr als er sich eingesteht, zu Anlässen neuer Einsätze des Willens und Auftakten zu Etappen des mühsam erkämpften Erfolgs werden, vermag er sich über ihre Rolle zu täuschen[5]. Auf dem Höhepunkt seiner Laufbahn, da er glaubt, keinen Rückschlag mehr fürchten zu müssen – „Après tout, mon roman est fini, et à moi seul tout le mérite"[6] – holt der Zufall aus zum vernichtenden Schlag in Gestalt von Mme Rênal. Nicht Vollzug einer Strafe für die Hybris des Ehrgeiztrunkenen im Namen einer verletzten höheren Macht ist dieser Zufall – ein solcher Gedanke läge Stendhal fern – sondern Vollzug einer Notwendigkeit, die den ihr innewohnenden Möglichkeiten jene Grenzen steckt, welche der Protagonist verkannt hatte.

---

3 *Die deutsche Ideologie*, Berlin 1960, S. 78.

4 H. Friedrich a. a. O. S. 59.

5 Vgl. das Stendhal-Kapitel bei E. Nef, *Der Zufall in der Erzählkunst*, Bern und München 1970, S. 70 ff. Wir stützen uns teilweise auf diese Untersuchung.

6 *Romans et Nouvelles*, a. a. O. S. 639.

Die Welt von 1830, deren „Chronik“ *Le Rouge et le Noir* sein will, hat keinen Platz mehr für den Heroismus der napoleonischen Ära noch für die Durchsetzung jakobinischer Impulse. Die Virtuosität, mit der Julien sich der Herrschaft des Kalküls angepaßt hatte, versagt angesichts des „imprévu“ im Augenblick des Triumphes. Indem er, vernichtend zwar, die unterdrückte rebellische Spontaneität aufbrechen und Julien im Untergang zu jenem authentischen Menschen werden läßt, der er sein wollte, offenbart der Zufall die Inhumanität der zeitgenössischen Klassengesellschaft. Er besiegelt das Scheitern eines „paysan qui s'est révolté contre la bassesse de sa fortune“, der seine (wie diejenigen der ganzen Generation und seines Schöpfers Stendhal selbst) am Napoleonmythos orientierten Vorstellungen von Wert und Würde durchsetzen wollte in der pervertierenden Strategie heuchlerischer Anpassung an die Gesetze einer Welt, für die jener Wert und jene Würde nur noch Maskierungen des Profitstrebens waren.

Der Kausalitätsgedanke beherrscht, unter dem Auftrieb der ökonomischen Prosperität der Bourgeoisie und beflügelt durch die positivistische Wissenschaft, das 19. Jahrhundert. Die große Literatur jedoch, seismographisch reagierend, primär oppositionell seit der Aufklärung und widerspenstig auch noch da, wo sie sich affirmativ gibt, kennt fast nur die Stiefkinder des Zufalls. Selbst ein Sonntagskind wie der Eichendorffsche Taugenichts, dem der Zufall Schicksal schlechthin erspart, evoziert eben dieses als seine utopisch negierte Bedingung. Balzac, der dem Faszinosum der Dynamik der Industriegesellschaft erlag, hat an ihr zugleich jene inhumanen Züge entlarvt, die als „bêtise bourgeoise“ zum Urerlebnis für einen Gustave Flaubert werden. Balzacs Überzeugung, der Zufall sei „le plus grand romancier du monde“, Flauberts Forderung, „être plus logique que le hasard des choses“, und beider literarische Verwendung des Zufalls können nur vom sozialgeschichtlichen Kontext her verstanden werden.

Balzacs ungeheures Unterfangen, das Schicksal des Menschen im Gesamtzusammenhang seiner gesellschaftlichen Existenz zu beschreiben im Entwurf einer fiktiven Gesellschaft, welche die Essenz der realen Gesellschaft herauspräpariert (als „konzentrierte Natur“, wie er sich einmal ausdrückt), verlangt die Einführung des Zufalls aus einem doppelten Grund. Es kommt ihm erstens die Rolle zu, die Kausalität zu verkürzen, d. h. im realisierten Möglichen jene Notwendigkeit zu entbinden, die bereits in der Determinierung der Personen durch Milieu und Charakterdominanten angelegt ist. Zum andern aber korrigiert der gleiche Zufall die Kausalmotivierung, indem er diese, als die Instrumentierung der Fatalitätserfahrung, mit Momenten durchsetzt, in dem autonome Entscheidungen gefällt werden können. Der Zufall stellt Alternativen bereit. Was diesen Raum der Freiheit indessen relativiert, ist eine letztlich wiederum in gesellschaftlicher Notwendigkeit verankerte Willkür des Zufalls.

Balzac übertrug die Lehre von der zoologischen Spezies auf die menschliche Gesellschaft und entwickelte daraus eine poesiefähige Typologie. Den „espèces zoologiques" entsprechen die „espèces sociales". Aber die Welt der Menschen kennt Zufälle und Übergänge, die sich die außermenschliche Natur nicht gestattet, denn die menschliche Lebensordnung ist „Natur plus Gesellschaft": „L'Etat Social a des hasards que ne se permet pas la Nature, car il est la Nature plus la Société"[7]. Es sind die Dynamik und die soziale Mobilität in der Gesellschaft seiner Zeit, die den „Sekretär der Gesellschaft" und „Historiker der Sitten", als den Balzac sich versteht, den Zufall als ein Prinzip der vorgefundenen Wirklichkeit entdecken lassen, an dessen Erkenntnis sich auch das Gelingen des schriftstellerischen Werkes entscheidet: „Le hasard est le plus grand romancier du monde; pour être fécond, il n'y a qu'à l'étudier"[8].

Aus der ereignislosen Provinz, in der es Existenzen ohne Zufall gibt[9], treibt es die jugendlichen Protagonisten Balzacs nach Paris, in die „capitale du hasard"[10], begierig, dem „Gott des Zufalls zu opfern", der allein zu ersetzen in Aussicht stellt, was die Herrschaft des Geldes dem Vermögenslosen versagt:

> „Sans posséder le capital nécessaire ces jeunes gens risquent le tout, en sacrifiant au dieu le plus courtisé dans cette cité royale, le Hasard".[11]

---

7 *Avant-propos de la Comédie Humaine*, Bibliothèque de la Pléiade, Paris, Bd. I, S. 7.

8 A. a. O.

9 *Illusions perdues*, a. a. O. Bd. IV, von Mme de Bargeton gesagt: „Elle ne pouvait compter sur rien, même pas sur le hasard, car il y a des vies sans hasard".

10 *Illusions perdues*, S. 626.

11 *Splendeur et misères des courtisanes*, a. a. O. Bd. V, S. 656.

Die Souveränität, mit der Balzac den Zufall verwendet, ergibt sich aus dem Zwang der Analogie seiner fiktiven Gesellschaft zur realen, ja Balzac steht unter dem Eindruck, daß hier die kühnste Phantasie sich nicht mit dem Leben messen kann:

„La nature sociale, à Paris surtout, comporte de tels hasards, des enchevêtrements de conjonctions si capricieuses, que l'imagination de l'inventeur est à tout moment dépassée. La hardiesse du vrai s'élève à des combinaisons interdites à l'art, tant elles sont invraisemblables ou peu décentes, à moins que l'écrivain ne les adoucisse, ne les émonde, ne les châtre".[12]

Der zitierte Passus steht im Kontext zahlreicher Überlegungen Balzacs zu der Problematik, die sich für den Schriftsteller daraus ergibt, daß er, wie es einmal an anderer Stelle heißt, alles wahrscheinlich machen muß, sogar das Wahre. Das Wahre aber besteht darin, daß der Zufall, auf den Balzacs Gestalten warten, in unerklärlicher Willkür über Erfolg oder Mißerfolg einer Karriere entscheidet. Jahrelang wartet der gescheiterte Dichter und Journalist Lousteau vergeblich auf die Chance, die sich Lucien de Rubempré sogleich bietet: „Le hasard fait pour vous en un jour un miracle que j'ai attendu pendant deux ans . . ."[13] Lucien selbst muß erkennen: „Il m'arrive dans une soirée plus d'événements que dans les dix-huit premières années de ma vie"[14]. Doch Luciens schwacher Charakter ist der „bénédiction du hasard" nicht gewachsen, die ihn mit einem wahren Füllhorn überschüttet. Mit Georg Lukács darf man in den *Illusions perdues* die „tragikomische Epopöe von der Kapitalisierung des Geistes", ihr Hauptthema in dem „Zur-Ware-Werden der Literatur" sehen[15].

Dem Zufall gewachsen, ja ihn mit zunehmender Skrupellosigkeit ausnutzend, ist Eugène de Rastignac, wie Lucien de Rubempré aus Angoulême in die „capitale du hasard" gekommen, entschlossen, zu arrivieren. Die Ausgangskonstellation der Trilogie *Père Goriot-Illusions perdues-Splendeur et misère des courtisanes* stellt sich retrospektiv dar, als hätte der Zufall sie eigens für ihn ge-

12 A. a. O. S. 1087.
13 *Illusions perdues*, a. a. O. S. 716.
14 A. a. O. S. 722.
15 G. Lukács, *Balzac und der französische Realismus*, Berlin 1952, S. 48. Vgl. dazu E. Köhler, *Balzac und der Realismus*, in: *Esprit und arkadische Freiheit*, Frankfurt a. M.-Bonn 1966, S. 177 ff.

schaffen. Die Gäste der Pension Vauquer, zu denen er gehört, sind „des êtres rassemblés par le hasard“[16], durch einen „hasard“ freilich, der erst nach dem Aufbrechen der städtischen Gesellschaftsordnung die Lebensbahnen von Personen so unterschiedlicher sozialer Provenienz wie die des Galeerensträflings und späteren Polizeichefs Vautrin, des reich gewordenen und von seinen vornehm verheirateten Töchtern verleugneten Fabrikanten Goriot, des später berühmt gewordenen Arztes Bianchon, der gealterten Kurtisane Michonneau und des armen adligen Studenten Eugène de Rastignac bestimmen kann. Rastignac zieht entschlossen die Konsequenzen aus dieser ersten Chance des Zufalls und aus der ihm schnell aufgehenden Einsicht, die Balzac wie folgt formuliert:

> „A Paris, il n'y a de hasard que pour les gens extrêmement répandues; le nombre des relations augmente les chances du succès en tout genre, et le hasard aussi est du côté des gros bataillons“.[17]

Der „hasard“ hält für den, der sich ihm anvertraut, weil anders der Sprung von der Schatten- zur Sonnenseite des Lebens nicht getan werden kann, auch Rückschläge bereit. Von dem begabten Glücksritter Rastignac heißt es einmal: „Les hasards sur lesquels il avait compté pour sa fortune devenaient chimériques et les obstacles réels grandissaient“[18].

Was der Pragmatiker des Reüssierens anerkennen muß, nämlich daß der Zufall sich dem Ehrgeiz widersetzt als Widerstand einer vom Geld beherrschten Welt, erscheint in der Perspektive des Philosophen als Alternative zwischen undurchdringlicher Fatalität und ebenso undurchschaubarer Planung einer höheren Macht. Balzacs Hang zum Mystizismus bekundet sich in den Worten seines Louis Lambert:

> „Si le hasard n'est pas, il faut admettre le Fatalisme, ou la coordination forcée des choses soumises à un plan général“.[19]

Wenn es einmal heißt: „le hasard n'a certes pas autant de part que nous le croyons“[20], so wird man hieraus wie aus ähnlichen Be-

---

16 Le *Père Goriot*, Bibl. de la Pléiade, Bd. II, S. 855.

17 *Illusions perdues*, a. a. O. S. 637.

18 *Le Père Goriot*, a. a. O. S. 976.

19 *Louis Lambert*, Bibl. de la Pléiade, Bd. X, S. 415.

20 *Beatrix*, Bibl. de la Pléiade, Bd. II, S. 418.

legen nicht, wie neuerdings A. Allemand, auf eine „répudiation du hasard" schließen dürfen[21], wohl aber auf einen sich vertiefenden Pessimismus Balzacs, der den Zufall nicht mehr als Chance zur Durchsetzung individueller Lebensansprüche, sondern als Spielform einer über die Sinnfrage des Individuums sich in grausamer Gleichgültigkeit hinwegsetzenden schlechten Notwendigkeit begreift. Dem aus der Faszination durch die soziale Mobilität erwachsenen Optimismus, der es Balzac erlaubt, sowohl den restaurativen Ordnungsmächten wie den großen Rebellen gegen diese Mächte zu huldigen, und der aus dem Erfolg von Ausnahmenaturen die Hoffnung auf eine bessere Zukunft herleitet, steht die zuweilen eigentümlich gebrochene Erkenntnis gegenüber, daß die soziale Determination des Individuums in der kapitalistischen Klassengesellschaft gegenüber der Ständegesellschaft nur das Vorzeichen geändert hat. Bezeichnend dafür ist, was verallgemeinernd in *Un début dans la vie* über die sozialen Bildungsbarrieren des Boten Pierrotin gesagt wird:

> Les messagers sont appelés par leur état à pénétrer dans beaucoup d'intérieurs et dans bien des secrets, mais le hasard social, cette sous-providence, ayant voulu qu'ils fussent sans éducation et dénués du talent d'observation, il s'ensuit qu'ils ne sont pas dangereux.[22]

Jener Zufall, der einem Ausführungsorgan der Vorsehung gleich durch die Geburt den sozialen Ort festlegt, verdammt den von ihm Betroffenen dazu, ein Leben ohne befreienden Zufall zu führen. Stiefkinder des Zufalls sind in der *Menschlichen Komödie* jene Angehörigen des alten Adels, die sich dem Gesetz der kapitalistischen Industriegesellschaft nicht anzupassen vermögen, und das Volk, das der Legitimist und Monarchist Balzac für „ungefährlich" oder, wie die Bauern in *Les paysans*, für verblendet hielt, in der Gestalt Vautrins jedoch als Selbstwiderspruch jener Gesellschaft zu unheimlicher, fast dämonischer Existenz monumentalisierte. –

Balzacs Zufälle sind oft grob gefügt, doch ist die scheinbare Willkür der Koinzidenzen stets fühlbar als Resultat gesellschaftlicher Gegebenheiten, in dessen Möglichkeiten Notwendigkeit am Werk ist. Ökonomische Kausalität verkürzend befällt der Zufall

---

21 André Allemand, *Unité et structure de l'univers balzacien*, Paris 1965.

22 Bibl. de la Pléiade, Bd. I, S. 625.

als Instrument der Fatalität die einen, indem er in grausamer Indifferenz den individuellen Glücksanspruch zunichte macht, und bietet die Chance für jene anderen, die sich bedenkenlos dem Mechanismus jener Kausalität einfügen. Lucien de Rubempré – und mit ihm sein Freund David Séchard – wird zum Opfer, Eugène de Rastignac zum Nutznießer dieser vom Zufall vermittelten Fatalität der Produktionsverhältnisse.

Noch setzen bei Balzac große Täternaturen mit Erfolg auf die Chance einer Meisterung der Fatalität, fast immer ist der Zufall bedeutend, exzeptionell. Das Werk Flauberts kennt keine Willensriesen, der Zufall selbst ist von universal gewordener Banalität gezeichnet. Frédéric Moreaus verpaßtes Rendez-vous mit Mme Arnoux bedeutet das Scheitern einer noch einmal möglichen Sinnerfüllung des Lebens, Scheitern infolge eines Zufalls, der sich an einer schlechten Notwendigkeit orientiert und deren gesellschaftliche Natur zwingender zum Ausdruck bringt als die gleichfalls mögliche individuelle Wunscherfüllung es zu tun vermocht hätte.

Noch im Möglichen selbst ist Sinnverfehlung daher das Wahrscheinlichste. Davon zeugt nicht nur der Roman. Eines der schönsten Gedichte Baudelaires, das Sonett *A une passante,* weist in subtiler lyrischer Transformation die gleiche Struktur auf: die Chance der Sinnfindung *und* ihren Verlust im Zufall einer plötzlichen Begegnung zweier Menschen: „O toi que j'eusse aimée, ô toi qui le savais!“[23] Walter Benjamins Befund, diese Verse stellten die „Figur des Chocks“ und ließen „die Stigmata zum Vorschein kommen, die das Dasein in einer Großstadt der Liebe beibringt“[24], ist zu ergänzen durch die Koinzidenz von Chock und Zufall. Die ungeheure Erweiterung des Möglichen in der Großstadt wird zunichte gemacht durch die Anonymität der Menge, die, was sie in der plötzlichen Begegnung verheißt, sogleich wieder zurückzieht. Eben dar-

---

23 Baudelaire, *Œuvres,* Paris, Bibliothèque de la Pléiade. S. 164. – Über das gleiche Thema der zufälligen Begegnung in Gedichten Nervals, M. Desbordes-Valmores, Sainte-Beuves und Pétrus Borels vgl. K. Reichenberger, *Die schöne Unbekannte,* in: *Zeitschr. f. franz. Sprache und Literatur* 71 (1961) S. 135—139. Eine ähnliche Struktur zeigen Verlaines *Mon rêve familier* und Mallarmés *Apparation.* Zur Weiterführung des Themas bei den Surrealisten s. weiter unten.

24 *Charles Baudelaire. Ein Lyriker im Zeitalter des Hochkapitalismus,* Frankfurt a. M. 1969, S. 131.

um konnten die *Fleurs du Mal* zu einer Dichtung werden, „der das Chock-Erlebnis zur Norm geworden ist“ (W. Benjamin), weil jeder Augenblick Möglichkeiten der Sinnfindung aufleuchten und in der Wiederkehr der Nacht verlöschen läßt – „Un éclair . . . puis la nuit!“ – annullierte Verheißung.

Die Erlebnisperspektive des Dichter-Ichs ist willentlich identisch mit derjenigen des Flâneur, der kultiviert, woraus Baudelaires Ideal einer poetischen Prosa hervorgeht: „C'est surtout de la fréquentation des villes énormes, c'est du croisement de leurs innombrables rapports que naît cet idéal obsédant“[25]. So werden „les chocs et les conflits quotidiens de la civilisation“, von denen Baudelaire an anderer Stelle spricht[26], vermittelt durch den massierten und eben darum nicht wahrnehmbaren, „flüchtigen“, die Fallhöhe zwischen Chance und Verpassen schmerzlich erweiternden Zufall zur strukturbildenden Grundfigur. Der Flâneur, dieses „moi insatiable du non-moi“, „l'homme des foules“ ist auf der Suche nach jenen zufälligen Phänomenen, die als konstitutive Elemente in die Ästhetik Baudelaires, in die Ästhetik der „modernité“ eingehen: „la surprise“, „l'étonnement“, „l'inattendu“, „le transitoire“, „le fugitif“, „le contingent“, „l'étrangeté“, „le bizarre“. Mit sicherem Griff hat Walter Benjamin ein Gedicht hervorgehoben, in welchem der fundamentale Zusammenhang zwischen dichterischem Schaffensprozeß und dem Zufall der großstädtischen Begegnung selber zum poetischen Bild geronnen ist:

Je vais m'exercer seul à ma fantasque escrime,
Flairant dans tous les coins les hasards de la rime.
Trébuchant sur les mots comme sur les pavés,
Heurtant parfois de vers depuis longtemps rêvés.[27]

Doch nicht Beschreibung dieser kontingenten Wirklichkeit ist die Aufgabe des Dichters, sondern „Erzählen“ dessen, was in ihr „möglich“ ist:

„En décrivant ce qui est, le poète se dégrade et descend au rang du professeur; en racontant le possible il reste fidéle à sa fonction; il

---

25 A. a. O. S. 281.
26 A. a. O. S. 1201.
27 *Le Soleil,* in: *Œuvres,* S. 155. Dazu W. Benjamin a. a. O. S. 73.

est une âme collective qui interroge, qui pleure, qui espère et qui devine quelquefois".[28]

Wenn wir uns nicht sehr täuschen, so drückt sich hier eine neue Konzeption des Möglichen aus: es bezeichnet nicht mehr die „res fictae" im Gegensatz zu den „res factae", sondern eine Wirklichkeit, der das Mögliche inhärent ist und die als solche für Alle ebenso wesentlich wie geheimnisvoll ist. Es scheint, als verstehe die „Kollektiv-Seele" des Dichters ihre Aufgabe als Sinnerschließung einer Welt, in welcher das Mögliche auch den Raum besetzt, den bisher das Wahrscheinliche innehatte. Wer die Möglichkeit der Wahrscheinlichkeit beraubt, verändert tiefgreifend die aristotelische Poetik, die das unwahrscheinliche Mögliche nur als Grenz- und Ausnahmefall zugelassen hatte. Baudelaire vollzieht die Wende zur Ästhetik der Moderne in voller Bewußtheit.

Die Zufallsbegegnung von *A une passante,* die in ihr enthaltene Möglichkeit des Glücks wie sein Verfehlen substanzialisiert die tausendfachen Begegnungschancen der Großstadt und ihre abgründige Kommunikationslosigkeit zur widerspruchsvollen Einheit. Die potentiell unendliche Fülle des Möglichen in der Großstadt läßt die Hoffnung auf die Wiederholung der verpaßten Lebenschance dank neuer Konstellationen des Zufalls.

In der zufallsarmen Enge eines spießigen Provinzdaseins errichtet Emma Bovary ihre Traumwelt aus imaginierten „hasards", die sie vergeblich aufbietet gegen jenen fatalen Zufall, der ihr wirkliches Leben determiniert:

„Tout ce qui l'entourait immédiatement, campagne ennuyeuse, petits bourgeois imbéciles, médiocrité de l'existence, lui semblait une exception dans le monde, un hasard particulier ou elle se trouvait prise, tandis qu'au delà s'étendait à perte de vue l'immense pays des félicités et des passions".[29]

Gefangene des Zufalls, erhofft sie doch von diesem selbst jenes Außerordentliche, das ihr Glück und ihrem Leben Sinn schenken könnte: „Au fond du son âme, cependant, elle attendait un événement . . . Elle ne savait pas quel serait ce hasard, le vent qui le

---

28 A. a. O. S. 1091 f.

29 *Œuvres*, Bibliothèque de la Pléiade, Paris 1936, S. 345.

pousserait jusqu'à elle, vers quelle rivage il la mènerait . . ."[30] Sie glaubt die Chance des Zufalls zu erhaschen, als sie ihre Liebe zu Léon gewahr wird – „et elle imaginait des hasards, des catastrophes qui l'eussent facilité"[31] – und baut auf den „hasard" auch nach der Enttäuschung, welche die Abreise Léons ihr bereitet:

> Mais s'il y avait quelque part un être fort et beau, une nature valereuse, pleine à la fois d'exaltation et de raffinements, un coeur de poète sous une forme d'ange . . . pourquoi, par hasard, ne le trouverait-elle pas?[32]

Ratlos und voller Glückserwartung steht Emma vor dem Zufall der Wiederbegegnung mit Léon: „Pourquoi donc revenait-il? Quelle combinaison d'aventures le replaçait dans sa vie?"[33] Aber Emma und Léon sind nicht fähig, dem vom Zufall bescherten Glück Dauer zu geben. Der Zufall kam zu spät, um mehr als einen ephemären Rausch zu erzeugen: „. . . et il (Léon) se désespérait en pensant au bonheur qu'ils auraient eu, si par une grâce du hasard, se rencontrant plus tôt, ils se fussent attachés l'un à l'autre d'une manière indissoluble"[34]. Außerstande, eine andere Möglichkeit erfüllten Lebens zu sichten, läßt Emma Bovary sich willenlos in die von zufälligen Umständen gewiesene abschüssige Richtung treiben: „Elle se sentait perdue, roulant au hasard dans des abîmes indéfinissables"[35]. Was sie verzweifeln und untergehen läßt, ist nicht bloß die Unmöglichkeit, der Realität die erträumte Welt aufzuzwingen, sondern vor allem die Gewißheit, daß „d'autres combi-

---

30 Im vollständigen Wortlaut: „Au fond de son âme, cependant, elle attendait un événement. Comme les matelots en détresse, elle promenait sur la solitude de sa vie des yeux désespérés, cherchant au loin quelque voile blanche dans les brumes de l'horizon. Elle ne savait pas quel serait ce hasard, le vent qui le pousserait jusqu'à elle, vers quel rivage il la mènerait, s'il était chaloupe ou vaisseau à trois ponts, chargé d'angoisse ou plein de félicités jusqu'aux sabords. Mais chaque matin, à son réveil, elle l'espérait pour la journée, et elle écoutait tous les bruits, se levait en sursaut, s'étonnait qu'il ne vînt pas; puis, au coucher du soleil, toujours plus triste, désirait être au lendemain" (a. a. O. S. 382).

31 A. a. O. S. 423.

32 A. a. O. S. 599.

33 A. a. O. S. 499.

34 A. a. O. S. 507.

35 A. a. O. S. 537.

naisons du hasard" durchaus ein *anderes* Leben, eine nicht eingetretene, glücklichere „vie différente" hätten ermöglichen können[36].

Eine der armseligsten Schwestern Emma Bovarys unter den zahllosen weiblichen Schicksalsopfern des 19. Jahrhunderts, Germinie Lacerteux, nur um wenige Jahre jünger (1864), kennt nicht einmal intermittierend die Tröstungen romanesker Illusionen. Nach Erfahrung und Willen der Brüder Goncourt ist diese kaum verändert dem Leben entnommene Gestalt dem Räderwerk einer Maschinerie ausgeliefert, in welcher Zufälle ausschließlich dazu da sind, den Mechanismus zu ölen und das determinierte Geschehen zu beschleunigen. An die Erlösung durch einen die Fatalität aufbrechenden „hasard", auf den Emma Bovary bis zuletzt ihre Hoffnungen setzt, vermag Germinie nicht mehr zu glauben, lange bevor sie den Kelch ihres Elends bis zur Neige trinkt:

> „Elle avait fini par ne plus rien attendre du hasard et ne plus rien demander de l'imprévu. Sa vie lui semblait enfermée à jamais dans son désespoir, elle devait continuer à être toujours la même chose implacable, la même route de malheur, toute plate et toute droite, le chemin d'ombre, avec la mort au bout. Dans le temps il n'y avait plus d'avenir pour elle".[37]

Quantitativ ungleich reicher sind die Gaben des Zufalls, die Frédéric Moreau zuteil werden, doch weiß er sie nicht zu nutzen, läßt sich durch neue Zufälle ablenken und wartet doch immer auf denjenigen, der nie eintritt. Die erste *Education sentimentale* ist expliziter als die zweite: „Il attendait sans cesse, je ne sais quoi, qui n'arrivait jamais"[38]. Die Unterwerfung unter die Kontingenz ist vollkommen: „. . . Il croit en lui plus qu'aux autres, mais au hasard plus qu'à lui-même"[39]. Die Seele des Helden ist so beschaffen, daß er zum Spielball des Zufalls wird: „Son âme est comme une constellation égarée que le hasard pousserait dans l'espace"[40].

---

36 „Elle se demandait s'il n'y aurait pas eu moyen, par d'autres combinaisons du hasard, de rencontrer un autre homme; et elle cherchait à imaginer quels eussent été ces événements non survenus, cette vie différente, ce mari qu'elle ne connaissait pas" (a. a. O. S. 365).

37 *Germinie Lacerteux*, Paris, Charpentier, 1885, S. 188.

38 *Œuvres complètes illustrées*, Paris 1924, S. 93.

39 A. a. O. S. 276.

40 A. a. O. S. 249.

Über Frédéric lastet die gleiche Fatalität, die schon den Protagonisten der ersten *Education sentimentale* nicht mehr verstehen ließ, daß Anstrengung des Willens noch irgend etwas vermöchte gegen die lebensbestimmende Kontingenz[41]. Die Hoffnungen, die er in den „hasard" setzt, sind so romanesk wie diejenigen Emma Bovarys[42]. Nichts wäre verfehlter als eine Auffassung, die im banalen Ausgang von Frédérics Lebensweg nur eine Demonstration dafür sähe, wohin naives Zutrauen in den Weltlauf, vorgegebene Willensschwäche, unentschiedene Begabung und orientierungslose Sensibilität den Menschen führen können. Frédérics Jugendfreund Deslaurier, entschlossen zu arrivieren, glaubt an die „docilités du hasard sous les mains des forts"[43]. Ihm verweigert der gierig ergriffene Zufall seine Gunst ebenso wie dem, der sich apathisch von ihm lenken läßt. Das betrübliche Fazit, das die so unterschiedlich veranlagten Freunde am Ende des Romans aus ihrem Leben ziehen, konstatiert am gemeinsamen Scheitern die Ohnmacht jeglicher Anstrengung, persönliche Ziele gegen Zufall, Umstände und geschichtliche Umwelt durchzusetzen: „Puis ils accusèrent le hasard, les circonstances, l'époque où ils étaient nés"[44].

Wer aus der Fatalität, die über den Schicksalen von Flauberts Protagonisten waltet, auf einen entschiedenen Determinismus des Autors schließt, kann sich auf autobiographische Zeugnisse berufen[45]. Das Werk indessen ist mehr als der Niederschlag der persönlichen Überzeugungen, wie sehr diese letzteren auch filtern, was

---

41 „A mesure que le soir approchait, il aurait voulu qu'il reculât indéfiniment ou qu'il arrivât de suite, à l'improviste. Tant il est vrai que l'homme semble fait pour être régi par le hasard; tout événement qui dépend de sa volonté l'étonne, le trouble comme une tâche trop forte pour lui" (a. a. O. S. 162).

42 „L'idée de Mme Arnoux fortifiait ses convoitises. Il la trouverait peut-être sur son chemin; et il imaginait, pour l'aborder des complications du hasard, des périls extraordinaires dont il la sauverait (a. a. O. S. 56).

43 A. a. O. S. 111.

44 A. a. O. S. 455.

45 Vgl. den Brief an Louise Colet vom 18. Sept. 1846: „Quant à mon fatalisme que tu me reproches, il est ancré en moi. J'y crois fermement: je nie la liberté individuelle parce que je ne me sens pas libre" (Correspondance, Paris, Conard, 1926, I, S. 319).
Vgl. auch *Mémoires d'un Fou, Œuvres complètes illustrées,* S. 319: „Tu te dis libre et chaque jour tu agis poussé par mille choses".

an Realität erfahren wird. Die ewige Frage aller Liebenden heißt bei Flaubert: „Pourquoi nous sommes-nous connus? Quel hasard l'a voulu?"[46], sind sie doch stets „zwei Wesen die, durch einen Zufall auf die Erde geworfen", blind in der Finsternis aufs Geratewohl tasten, um sich zu finden, nur um sich zu verletzen, nachdem sie sich begegnet sind[47]. Flaubert sieht das eigene Verhältnis zu Louise Colet nicht anders: „Je vous aime comme je peux; mal, pas assez, je le sais, mon Dieu! A qui la faute? Au hasard! A cette vieille fatalité ironique!"[48] Der Anschein, Flaubert umreiße in diesen und anderen vergleichbaren Äußerungen einen geschichtslosen anthropologischen Befund, ist, so sehr sich ein solcher ihm auch aufdrängen mochte, letztlich doch ebenso täuschend wie die unbestreitbare Nähe zum mechanistischen Determinismus der Aufklärung[49]. Auch wenn er in Konsequenz dieser Auffassung den Zufall als rein kontingente Überschneidung voneinander gänzlich unabhängiger Kausalreihen ansah, trug er doch Sorge, die Folgen der das Leben seiner Protagonisten bestimmenden Zufälle an den von der gesellschaftlichen Situation bereitgestellten und begrenzten Möglichkeiten zu orientieren[50]. Die Korrelation zwischen privatem und politischem Geschehen ist in der *Education sentimentale* nicht zu übersehen, auch wenn ersteres nur an wenigen, allerdings wichtigen Stellen in direkter Kausalität mit letzterem verknüpft ist[51]. Die Zufälle haben aufgehört, wertindifferent zu sein, insofern als

---

46 *Madame Bovary*, a. a. O. S. 461. Vgl. auch im zynischen Kontext von Rodolphes Abschiedsbrief: „Pourquoi faut-il que je vous aie connue? . . . Est-ce ma faute? . . . Non, non, n'en accusez que la fatalité!" (a. a. O. S. 510).

47 „. . . deux êtres jetés sur la terre par un hasard" *(Mémoires d'un fou)*, a. a. O. S. 296). „Aveugles qui au hasard tâtonnent dans les ténèbres pour se rejoindre et qui se heurtent et se blessent quand ils se sont rencontrés" (*1. Education*, a. a. O. S. 271).

48 Brief an L. Colet, Okt. 1851, *Correspondance* II, S. 325.

49 Zu dieser letzteren s. J. Proust, *Structures et sens de „L'Education sentimentale"*, in: Revue des Sciences Humaines, Fasc. 125, janv.-mars 1967, S. 67 ff., bes. S. 72.

50 Vgl. E. Köhler, *Esprit und arkadische Freiheit. Aufsätze aus der Welt der Romania*, Frankfurt a. M.–Bonn, 1966, S. 215 ff.

51 Einen interessanten, m. E. jedoch noch nicht völlig überzeugenden Versuch, die „idée du Beau" bzw. „de l'Art" als Vermittlungsschicht zwischen den beiden Ebenen nachzuweisen, unternimmt J. Proust a. a. O.

sie – eine Kausalität sui generis – zwischen der verhaßten bourgeoisen Welt und dem Glückstreben und den Wertvorstellungen der Individuen vermitteln, indem sie jeden Ansatz zu deren Verwirklichung vereiteln. Der Zufall, der zweimal die fast gewisse Vereinigung von Frédéric Moreau und Mme Arnoux verhindert[52], transponiert im Zuge der für Flaubert ästhetisch grundlegenden „Generalisierung" des Partikulären die Gesetzlichkeit des Lebens in ein Einzelschicksal. Er vereitelt eine Möglichkeit, die individuell gegeben ist, die aber als realisierte zur Scheinwahrheit, zur Lüge würde angesichts der unaufhebbaren Trennung von Sinn und Leben, die das Schicksal der ganzen jungen Generation von 1848 ist[53]. Der vereitelnde Zufall ist daher Organ einer Notwendigkeit, welche die Möglichkeit der Selbstverwirklichung zum unwahrscheinlichen Einzelfall, zur Ausnahme werden läßt, deren literarische Darstellung in den Augen Flauberts, wie seine Kritik an Lamartines *Graziella* zeigt, in falschem Bewußtsein ankert und sich zwangsläufig zum gehobenen Kitsch degradiert. „L'art n'est pas fait pour peindre des exceptions"[54].

Flauberts Pessimismus, Bürgerhaß und Zeitfeindschaft schlagen sich im Werk nieder als im absoluten Determinismus vollendeter Verlust des Möglichen, paradoxalerweise gerade darin, daß mittels der Herrschaft des Zufalls das Mögliche identisch ist mit einer schlechten Notwendigkeit. Es gehört zur unverwechselbaren künstlerischen Handschrift Flauberts, daß er in seinem Sprach- und Kompositionsstil, in der Unterdrückung aller Kausalitäts- und Finalitätspartikel und in der akausalen Situationsfolge den Desil-

---

52 Durch die Erkrankung des Kindes und wenig später durch das Dazwischentreten Rosanettes. Schon die ersten Entwürfe sprechen von den „circonstances fortuites", an denen die mögliche Erfüllung scheitert. S. M.-J. Durry, *Flaubert et ses projets inédits*, Paris 1950, S. 187.

53 Daß Flaubert im Lebensweg Frédérics und seiner Freunde das Schicksal seiner ganzen Generation und die Geschichte des Verlusts ihrer Illusionen zur Darstellung bringen wollte, hat er mehrfach betont, nicht zuletzt auch im Hinblick auf die Liebesfähigkeit seines „Helden" selbst: „Je veux faire l'histoire morale des hommes de ma génération; „sentimentale" serait plus vrai. C'est un livre d'amour, de passion; mais de passion telle qu'elle peut exister maintenant, c'est-à-dire inactive" (Brief vom 6. Okt. 1864 an Mlle de Chantepie).

54 *Correspondance* V, S. 253.

lusionsprozeß seiner Gestalten vorwegnimmt[55]. Weil in dieser Welt des ökonomisch bestimmten Utilitarismus das Kausalitätsdenken nur für denjenigen sinnvoll ist, der es in wirtschaftlichen und sozialen Erfolg umzusetzen weiß und sich ihm wie einer neuen Vorsehung anheimgibt, muß, wer zum Opfer der sich rapide entwikkelnden kapitalistischen Industriegesellschaft wird und nach enttäuschenden Revolutionen sich abermals als ungefragtes Objekt der Geschichte mißbraucht sieht, die Herrschaft der Kausalität als Herrschaft der Kontingenz erfahren. An die Stelle gerichteten Handelns tritt reines Geschehen, unterworfen einer Kausalität, die, als total Sinnwidriges und Entfremdetes erlebt, sich verkehrt in das Reich des Zufalls. Auf dem Höhepunkt der Glanz- und Erfolgszeit des Kausalitätsdenkens versteigt der fatalistische Determinismus Flauberts sich zu der Behauptung: „La recherche de la cause est antiphilosophique, antiscientifique“[56] und zu dem paradoxalen Postulat, das den Selbstwiderspruch der Gesellschaft seiner Zeit, aber auch eine authentische künstlerische Lösung enthält: „être plus logique que le hasard des choses“[57]. Die Logik des Unlogischen kann allein von der Kunst geleistet werden.

Die Erfahrung, daß der Zufall unter dem Diktat einer zur Fatalität verkehrten gesellschaftlichen Kausalität nur die schlechten Möglichkeiten realisiert, treibt die Dichtung dazu, synchron zur Opposition des kritischen Realismus ihr eigenes Reich jenseits der unerträglichen Wirklichkeit zu etablieren. Wenn Théophile Gautier den Protagonisten seines Romans *Mademoiselle de Maupin* ausrufen läßt: „En vérité, si je tenais le hasard à la gorge, je crois que je l'étranglerais“, so ist mehr im Spiel als ein witziges Aperçu[58]. Wo wurzelt die „nécessité que je fusse ainsi et pas autrement“? Die Frage nach Ursache und Rechtsgrund einer unbefriedigenden individuellen Existenz kann nicht mehr eine unverrückbare Ständehierarchie zum Adressaten haben, auch nicht mehr einen Gott, der sie sanktioniert. Die Undurchdringlichkeit der neuen Gesellschaftsformation, die das Geheimnis ihrer ökonomi-

---

55 Vgl. H. Friedrich, *Drei Klassiker des französischen Romans*, Frankfurt a. M. ²1950, S. 144 ff.

56 *Correspondance* V, S. 148.

57 *Correspondance* III, S. 39.

58 *Mademoiselle de Maupin*, Paris Charpentier, 1904, S. 150.

schen Machtbasis noch nicht preisgegeben hat, verweist für die Erklärung des Versagens im vermeintlich allseits offenen sozialen Raum auf individuelle Defizienzen, die sich auf der Ebene des eudämonistischen Schönheitskultes der Künstlergestalt Gautiers als unbegreifliche, allein dem „hasard" zu verdankende und zum Unglücklich-Sein verdammende Distanz zwischen vorgestellter ästhetischer Perfektion und Wirklichkeit darstellen:

„Parce qu'il a plu à une misérable parcelle de je ne sais quoi de tomber je ne sais où et de se coaguler bêtement en la gauche figure qu'on me voit, je serai éternellement malheureux!"[59]

Die Brüder Goncourt werden diese These von der zufälligen biologischen Determination noch ungeschminkter formulieren und sie zugleich wieder ergänzen durch die wesentlich mitbestimmenden Einwirkungen der Umwelt:

Le hasard des écus met au lit un homme et une femme (le hasard charrue le sperme à travers les trompes de Fallope), le hasard allume la vie chez ce zoophyte vissé aux entrailles de la mère; le hasard du forceps te jette au monde complet ou ébreché, intelligent ou crétin; le hasard de l'éducation, de la fortune, des amitiés te fait honnête ou scélérat; le hasard des événements qui ballotent ta petite personnalité te fait célèbre ou anonyme; le hasard des constitutions, des maladies, des accidents de l'amour te fait vivre ou mourir.[60]

Der Roman der Goncourt hat die Erfahrung der Revolution von 1848, das Buch Théophile Gautiers (1835) nur erst diejenige der Julirevolution hinter sich. Der Theoretiker des „l'art pour l'art" proklamiert die Freiheit der Kunst von Zwecken angesichts des herrschenden Utilitarismus, die Autonomie des Schönen angesichts seines Mißbrauchs, und dieses Schöne schließlich als dasjenige, dem absolute Nutzlosigkeit eigen ist. In einer Welt, der es „als Narrheit erscheint, Michelangelo den Vorzug vor dem Erfinder des Senfs einzuräumen", muß Kunst sich notgedrungen als bejahter Luxus behaupten und sich dadurch definieren:

Rien de ce qui est beau n'est indispensable à la vie [. . .] Il n'y a de vraiment beau que ce qui ne peut servir à rien; tout ce qui est utile

59 A. a. O.

60 *„En 18 . ."*, Bruxelles 1884, S. 121.

est laid, car c'est l'expression de quelque besoin, et ceux de l'homme sont ignobles et dégoûtants, comme sa pauvre et infirme nature. – L'endroit le plus utile d'une maison, ce sont les latrines.
Moi, n'en déplaise à ces messieurs, je suis de ceux pour qui le superflu est le nécessaire.[61]

Die Autonomie der „beauté pure", die „zu Nichts mehr dienen will", setzt sich ab vom empirisch Wirklichen, um als „Überflüssiges" in den Rang einer höheren „Notwendigkeit" aufzurücken, als das ganz Andere, das zur Existenz gelangt nur im unablässig – in der Kunst und durch die Kunst – wiederholten Versuch, eine Kontingenz zu überwinden, die identisch geworden ist mit der widersinnigen und widerwärtigen ökonomischen Kausalität.

Nutzlosigkeit, gipfelnd in den zentralen Themen von „impuissance" und Sterilität, wird für einen Stéphane Mallarmé zur letzten Würde und Auszeichnung der Poesie in der Welt der alles vereinnahmenden Zwecke: „Tristesse, que ma production reste, à ceux-ci, par essence, comme les nuages au crépuscule ou des étoiles, vaine"[62]. Der melancholische Grundton verrät, daß die Nutzlosigkeit als eine erzwungene empfunden wird. Bemerkenswert ist, daß ausgerechnet die „Sterilität" der dichterischen Produktion es ist, die den Dichter, der sich dem allesbeherrschenden Besitzdenken verschließt, „nicht zufällig" in die Nähe des Proletariers bringt:

Ah! à l'exprès et propre usage, du rêveur se clôture, au noir d'arbres, en spacieux retirement, la Propriété, comme veut le vulgaire: il faut que je l'aie manquée, avec obstination, durant mes jours – omettant le moyen d'acquisition – pour satisfaire quelque singulier instinct de ne rien posséder et de seulement passer, au risque d'une résidence comme maintenant ouverte à l'aventure qui n'est pas, tout à fait, le hasard, puisqu'il me rapproche selon que je me fis, de prolétaires.[63]

Insgeheime Solidarität derjenigen, deren Arbeitsprodukt dazu verurteilt ist, nur anderen oder auch, weil nicht dem Produzenten selbst, niemand zu nutzen; Solidarität derjenigen, denen der soziale Zufall ein Schicksal zugewiesen hat, aus dem auszubrechen

61 *Préface*, a. a. O. S. 22.
62 *Œuvres complètes de Stéphane Mallarmé*, Paris, Bibliothèque de la Pléiade, 1956, S. 358.
63 A. a. O. S. 357.

angesichts des ökonomischen Kausalmechanismus nahezu hoffnungslos ist. Der Gedanke, daß, was Hugo Friedrich das „ontologische Schema“ im Denken und im künstlerischen Weltbild Mallarmés genannt hat[64], sich ungeachtet seiner philosophischen Komplexität literatursoziologisch als vielfach vermittelte Strukturhomologie (im Sinne Lucien Goldmanns) zur konkreten gesellschaftlichen Situation interpretieren ließe, sei hier nicht weiter verfolgt, jedoch im Hinblick auf den bedeutenden Stellenwert des „hasard“ im Auge behalten. Die Parallelisierung zwischen dem „Zufall“ einer Befriedigung des sozialen Anspruchs, der selber den Zufall der niedrigen gesellschaftlichen Ausgangssituation aufhebt, und dem Zufall, welcher der zufälligen Sprache die poetische Substanz und damit ein anderes wahreres Sein, der Realität die Idealität, abringt, verkürzt zwar die Strukturhomologie zur bloßen Analogie. Sie sei trotzdem vorgetragen: ihre gemeinsamen Bezugspunkte sind die Erfahrung einer schlechten und sinnwidrigen Realität als universaler Kontingenz und der Einbruch in den kausalen Mechanismus dieser Realität kraft der kalkulierten Dienstbarmachung bzw. Unterwerfung dessen, was als Gesetz dieser Realität empfunden wird: des Zufalls selbst.

Der Vers, der die Wörter der Sprache ihrer Scheinrealität, ihrem falschen Sein entfremdet zu unerhörtem Neuem, negiert souverän die Zufälligkeit, die an ihnen haften bleibt.

> Le vers qui de plusieurs vocables refait un mot total, neuf, étranger à la langue et comme incantatoire, achève cet isolement de la parole: niant, d’un trait souverain, le hasard demeure aux termes malgré l’artifice de leur retrempe alternée en le sens et la sonorité, et vous cause cette surprise de n’avoir ouï jamais tel fragment ordinaire d’élocution, en même temps que la réminiscence de l’objet nommé baigne dans une neuve atmosphère.[65]

Die Kombinatorik der in neue Sinnfelder eingerückten, in ein dichtes und hermetisches Symbolsystem einbezogenen und der Zufälligkeit ihres bloßen „signifiant“ – Daseins entkleideten Wörter vermag der Zufall freilich nur für den Augenblick der Poesie auf-

---

64 H. Friedrich, *Die Struktur der modernen Lyrik von Baudelaire bis zur Gegenwart*, Hamburg, rde 25, 1956, S. 93 ff.

65 A. a. O. S. 368. Vgl. auch: „Une ordonnance du livre de vers poind innée ou partout, élimine le hasard . . .“ (A. a. O. S. 366).

zuheben. Dichten ist für Mallarmé die Exorzisation des Zufalls in Permanenz, „le hasard vaincu mot par mot“[66]. Ihm gilt, wie H. Friedrich sagt, „das Buch“ (gemeint als das geistige Werk schlechthin) als Gebilde, das „den Zufall Wort für Wort besiegt“. „Zufall“ ist Mallarmés Stichwort für die bloße Realität und damit für den Gegensatz zu derjenigen Notwendigkeit, die nur der Geist hat, sofern er seinem eigenen Gesetz gehorcht“[67]. Jedoch hat solche Konzeption der Kunst ihre Voraussetzung in dem, wogegen sie sich stellt: in der entfremdeten Kausalität ökonomischer Zwecke, die sich der Sinnfrage des individuellen Lebensanspruchs gegenüber als ein widersinnig Determinierendes, in paradoxaler Logik als blinde Zufälligkeit verhält.

Wahnwitz – „folie“ – und doch notwendig, zumindest denknotwendig, weil in der Konsequenz, ist der Versuch, den Zufall ein für allemal aufzuheben in einem Akt, der zu seinem Gelingen des Zufalls selbst bedarf. Nur in der Erfüllung des eigenen Gesetzes kann die schlechte Realität sich ihr Ende bereiten. Mallarmés Igitur ist der letzte eines uralten Geschlechts, von seinen Ahnen dazu ausersehen, ihre verschlüsselten Erfahrungen durch eine Tat auszulöschen, deren erlösende Natur in der „Annullierung“ des Zufalls besteht, identisch mit der Aufhebung der Zeit, der Befreiung von aller Materialität und der Erschließung des Absoluten. Doch der „Acte“, der Würfelwurf des „nombre unique“, eröffnet mit der Ausschaltung der kontingenten Zeitlichkeit nicht das Unendliche und Absolute, vielmehr erweist dieses sich als identisch mit dem Nichts. „L'infini sort du hasard que vous avez nié“[68]. Der „Akt“, der die Verleugnung des Zufalls durch dessen Vernichtung krönt und der ein Akt der endlichen und absoluten Selbstbestimmung sein soll, zwingt zum Griff nach dem Giftbecher, „qui renferme la substance du Néant“[69]. Verlust des Spiegelbilds, Verwandlung zum Schatten, Auflösung ins Nichts sind die Folgen von Igiturs „unmenschlichem“ Versuch, die „Idée“ seines Geschlechts zu verwirklichen. Igitur bejaht die „folie“ des Auftrags, den Zufall zu vertilgen, als Notwendigkeit der „Idée“:

---

66 *Œuvres complètes* S. 387.

67 A. a. O. S. 86.

68 *Igitur ou La Folie d'Elbehnon*, a. a. O. S. 434.

69 A. a. O. S. 439.

„[Il] admet l'Acte, et, volontairement, reprend l'Idée, en tant qu'Idée: et l'Acte (quelque soit la puissance qui l'ait guidé) ayant nié le hasard, il en conclut que l'Idée a été nécessaire"[70]. Die „folie d'Elbehnon", der Versuch der Erlösung der Menschheit aus der Zeitlichkeit durch den Abkömmling eines Engels besteht darin, daß sie „den Zufall auf das Unendliche reduziert, das dann irgendwo existieren muß" („il réduit le hasard à l'*Infini* – qui, dit-il, doit exister quelque part")[71]. Igitur „ferme le livre – souffle la bougie [sein Lebenslicht], – de son souffle qui contenait le hasard: et, croisant les bras, se couche sur les cendres de ses ancêtres"[72].

Als Tat eines Angehörigen eines Geschlechts von Engeln reiht sich die Tat Igiturs ein in die seit der Romantik erneut virulent gewordene Tradition des Themas von dem gegen Gott und Schicksal revoltierenden Engel. Sie will das Unmögliche: das Absolute erschließen durch die Vernichtung der Kontingenz und doch diese bergen, ohne – wie Igitur – dem Nichts, dem Schweigen zu verfallen. Es ist das Problem der Dichtung, der Kunst selbst, das hier zur Sprache kommt, sich selber zum Gegenstand wird, als „folie nécessaire" in einer Zuspitzung, von der uns niemand einreden wird, sie sei einer immanenten Entwicklung der Dichtung allein zu verdanken. Igiturs Tat soll die Identität des Menschen mit sich selbst wieder herstellen, indem sie den Zufall durch den absoluten Zufall besiegt. Igiturs „acte absurde" ist gleich dem „hasard absolu"[73]. Der Zufall verweist – und darin liegt die Evidenz seiner Unausrottbarkeit – auf die unausschöpfliche Unendlichkeit, die gleich ist der Unendlichkeit der kontingenten „conjonctions"[74], und die als Notwendigkeit immer wieder aufersteht nach jedem Einzelsieg über den „hasard", es sei denn dem, der zum Tod, in das „Néant" führt.

---

70 A. a. O. S. 441.
71 A. a. O. S. 442.
72 A. a. O. S. 442.
73 A. a. O. S. 451.
74 „Le hasard infini des conjonctions." Symbol dafür, erstrangig in *Un coup de dés*, ist das Meer; hierzu wie überhaupt zur Symbolik Mallarmés zuletzt Ursula Maulbetsch, *Mallarmés Entwurf einer Seinsrealität. Untersuchungen zur Mallarméschen Symbolsprache*, Diss. Freiburg 1971 (Masch.) bes. S. 127.

Der Zufall kann sich nur selber aus der Welt schaffen, indem er diese Welt total erfüllt, sie ganz wird, identisch mit dem Unendlichen. „L'infini sort du hasard, que vous avez nié". Nur in der erfüllten Unendlichkeit seiner möglichen Kombinationen eröffnet sich dem Zufall das Absolute, wird er dieses; universaler Akt, notwendig zur Realisierung der „Idée", „nützlicher Wahn":

> L'infini enfin échappe à la famille, qui en a souffert, – vieil espace – pas de hasard. Elle a eu raison de le nier, – sa vie – pour qu'il ait été l'absolu. Ceci devait avoir lieu dans les combinaisons de l'Infini vis-à-vis de l'Absolu. Nécessaire – extrait l'Idée. Folie utile. Un des actes de l'univers vient d'être commis là.[75]

Universaler Akt, Realisierung der „Idée", „nützlicher Wahn", „folie nécessaire" eines „Acte [qui] est parfaitement absurde sauf que mouvement (personnel) rendu à l'Infini". Die „Reinheit", welche die Negation des „hasard" dem Absoluten abringt, um das Unendliche endlich zu „fixieren", ist freilich die Verwirklichung einer „Idée elle-même aboutissant à la Nécessité"[76].

Die Negation des Zufalls setzt diesen nicht außer Kraft, so wenig wie seine Bejahung dies vermöchte, selbst wenn sie, ihn verabsolutierend, ihn ineins setzt mit der Notwendigkeit. Bereits *Igitur* ließ Mallarmé das Fazit ziehen:

> . . . dans un acte où le hasard est en jeu, c'est toujours le hasard qui accomplit sa propre Idée en s'affirmant ou se niant. Devant son existence la négation et l'affirmation viennent échouer. Il contient l'Absurde . . .[77]

Hier fällt das Stichwort der Moderne: „l'Absurde". Igiturs „vollkommen absurde" Anstrengung, den „hasard" zu annullieren", hat ihre letzte Chance nur im Zufall selbst. Diese wahrnehmen bedeutet – Logik des Absurden – die Wiedereinsetzung des Zufalls, im Zufall der Zufälle, im Würfelwurf der absoluten Zahl

---

75 A. a. O. S. 434.

76 „Tout ce qu'il en est, c'est que sa race a été pure: qu'elle a enlevé à l'Absolu sa pureté, pour l'être, et n'en laisser qu'une Idée elle-même aboutissant à la Nécessité: et que quant à l'Acte, il est parfaitement absurde sauf que mouvement (personnel) rendu à l'Infini: mais que l'Infini est enfin *fixé*" (A. a. O. S. 442).

77 A. a. O. S. 441.

als vorgestelltem Grenzfall zwischen dem Bereich des unwahrscheinlichen Möglichen und dem Unmöglichen, als tödliches Risiko des Spielers.

Zu fragen ist nach den Ursachen der Obsession des Würfelwurfs. Hasard-Spiel und Lotterie sind Spiele, denen sich das Bürgertum erst im 19. Jahrhundert mit Lust widmet. Als Massenphänomene gehören sie erst in die Blütezeit des Kapitalismus. Doch nur auf der Vermittlungsebene einer allgemeinen Erfahrung der Kontingenz läßt sich der von Walter Benjamin behauptete Zusammenhang zwischen der Fließbandarbeit des Lohnarbeiters und dem Hasard-Spiel aufrechterhalten[78]. Gewiß ist Wiederholung als Zwang beiden gemeinsam. Doch zielt das Glücksspiel ebenso auf Beendung des immergleichen Tuns. Spiel will den immergleichen Handgriff der entfremdeten Arbeit aufheben im Gewinn, der diese Arbeit negiert. Der immer repetierte Einsatz geschieht in der Hoffnung, daß der Zufall jenen tötenden Lebensmechanismus annulliere, den der Zufall der Bestimmung eines Lebens zur Lohnarbeit erst geschaffen hat. Das unwahrscheinliche Mögliche hat seine letzte Zuversicht in einem Determinismus, der es zuläßt, als vollendete Kontingenz eher denn als unentrinnbare Kausalität begriffen zu werden. Baudelaire sah im Hasard-Spiel ein heroisches Aufbegehren, nicht fern demjenigen, das dem Flâneur wie dem Dichter die von der Gesellschaft vorenthaltene Würde restituiert.

Baudelaire hatte die irreversible Zeit als einen Spieler hingestellt, der bei jedem Wurf gewinnt,

> Souviens-toi que le Temps est un joueur avide
> Qui gagne sans tricher, à tout coup! c'est la loi.[79]

und im gleichen Gedicht – *L'Horloge* – den „divin Hasard" unter die Verkünder des „Zu-spät" eingereiht. Unausgesprochen und doch greifbar steckt in diesen Versen der Gedanke, daß der hasardbeherrschten Kontingenz nur im absoluten Zufall, und sei es demjenigen des Todes, ein Widerpart erstünde.

Genau an diesem Punkte setzt Mallarmés philosophische Poetik ein, freilich einen Zustand antizipierend, in welchem die Entfremdung des Menschen von seiner Tätigkeit sich nicht mehr auf

---

78 W. Benjamin a. a. O. S. 141 ff.

79 A. a. O. S. 153. Die beiden Verse zitiert von Benjamin S. 145.

eine Klasse beschränkt, sondern den gesamten Raum der Gesellschaft erfaßt hat. Dem Auftrag seiner Ahnen folgend setzt Igitur alles auf die eine, die „einzige“ Zahl, gewinnt und stirbt. Die Selbstvernichtung des Zufalls, die Findung des Absoluten, fällt in das Nichts. Den Zufall eliminieren bedeutet, die Notwendigkeit des Möglichen zu berauben und das heißt: des Lebens selbst. Unweigerlich aber enthüllt sich dieses Leben damit als das Universum der Absurdität. Es scheint, als sei in dieser Erkenntnis das Geheimnis von Mallarmés letzter und dunkelster Dichtung beschlossen, und zugleich ihre einzig möglich Konsequenz. Von der Hoffnung Igiturs, dem erfüllten Vermächtnis des revoltierenden Menschen- und Engelsgeschlechts, einer zweiten Erlösung, blieb nichts übrig als der Entschluß, unentwegt mit den Mitteln der Dichtung anzukämpfen gegen die Absurdität des kontingenten Lebens. Dichtung ist unablässiger Kampf gegen den Zufall, der doch, als Signatur der verhaßten Realität, in die Dichtung eingehen muß, die antritt, diese Realität zu überwinden, eingehen muß obzwar als nur „fingierte“, akzeptiert und erbittert bekämpft in einem, der Dichtung unentbehrlich als konstitutiver Widerstand. So dürfen wir Mallarmés Forderung verstehen:

> Tout hasard doit être banni de l'œuvre moderne, et n'y peut être que feint; l'éternel coup d'aile n'exclut pas un regard lucide scrutant l'espace dévoré par son vol.[80]

Un coup de dés jamais n'abolira le hasard, in Mallarmés Todesjahr erschienen, läßt *eine* Folgerung als gewiß erscheinen: niemals wird der Zufall den Zufall vernichten, doch jede schöpferische Tat ist ein partieller Sieg über die Kontingenz, über das falsche Sein, über die sinnentfremdete Realität. Nur im einzigen und einzigartigen Augenblick der „poésie pure“ vertilgt der Zufall sich selbst.

---

80 *Œuvres complètes* S. 230.

III ABSURDITÄT – GLÜCK UND ELEND DER HERRSCHAFT DES MÖGLICHEN

> . . . le grand problème des temps modernes, où l'intelligence découvre que soustraire l'homme au destin revient à le livrer au hasard.
>
> Camus, *L'homme révolté*

Ein Leben lang umkreist das Denken eines Paul Valéry das Problem des Zufalls. Mit den zeitgenössischen Zufallstheoretikern, die er sehr gut kennt, sieht Valéry das Gesetz des „hasard" darin, daß er das Mögliche realisiert und nicht das Wahrscheinliche[1]. Eine Eintragung in die Cahiers, von 1935, läßt erkennen, mit welcher Aufmerksamkeit Valéry die seine eigenen Reflexionen letztlich bestätigende, von der modernen Naturwissenschaft vollzogene grundlegende Abkehr vom Kausalitätsprinzip der klassischen Physik verfolgt:

> Peut-être faut-il s'accoutumer à penser que le hasard n'est pas accident, . . . mais substance, mais est constituant, – ingrédient; n'est pas seulement et toujours effet d'ignorance (. . .) mais est dans la Natura Rerum . . .[2]

Was gemäß der Quantentheorie mit Hilfe von Wahrscheinlichkeitsrechnung und Statistik berechenbar wird, und trotzdem als Zufall unvorhersehbar bleibt, erscheint in der Erfahrungswelt des Lebens als das Mögliche, das Wahrscheinlichkeit durchkreuzt:

---

1 Wir verweisen auf eine Heidelberger Dissertation, der wir wertvolle Hinweise verdanken: Ch. Krauß, *Der Begriff des Hasard bei Paul Valéry. Theorie und dichterische Praxis,* 1969.

2 Paul Valéry, *Cahiers,* I–XXIV, Paris 1957 ff. Unser Zitat XVIII, S. 13.

Il y a hasard quand ce qui est possible se produit au détriment de ce qui est probable. A la place de l'attendu, autre chose paraît qui nous apprend ainsi qu'elle pouvait être.[3]

Der Zufall zeigt, was möglich war, und er verweist auf eine Fülle von Möglichkeiten, aus denen er nur eine ausgewählt hat. Jene Gewißheit, die angesichts des Kontingenten auch finalistisches Kausaldenken zum Wahrscheinlichen hatte relativieren müssen, reduziert sich aufs und widerlegt sich durchs Mögliche, das den ganzen Raum des Wirklichen okkupiert. Denn jedes Wirkliche, selber zufällig realisiertes Mögliches, enthält wiederum neue Möglichkeiten, insofern es zugleich „mehrere Dinge ist" – „chaque chose est plusieures choses". Die Ambivalenz aller Dinge beruht auf der Polyvalenz, die sie für jeden von uns haben: „Le hasard n'est que la pluralité des rôles que toute chose peut jouer à l'égard de nous"[4]. Alles Wirkliche ist potentieller Inhalt einer unendlichen Vielfalt von individuellen, zum System geschlossenen Vorstellungen über die Welt, deren chockartiges Zusammenstoßen der Zufall bewirkt:

La caractéristique des choses réelles est d'appartenir à une infinité de systèmes simultanés. Le hasard n'est qu'une conséquence de cette appartenance multiple, quand elle se heurte à la pensée qui n'est chaque fois qu'un système.[5]

Der Zufall vermittelt der individuellen Erfahrung das Wirkliche als chaotisch – „le réel est un désordre – und, den vermittelnden Zufall einschließend, als notwendig zugleich. Die Ordnung der Unordnung durch den Geist vermittels der Kunst bestimmt sich als Bewältigung des „hasard": „L'art est non-hasard par définition"[6]. Die „Unordnung des Wirklichen" ist Widerstand, aber auch Voraussetzung der „arts d'imitation". Der Zufall kann aus der Kunst nicht eliminiert werden, indem man ihn verleugnet, sondern, seine Möglichkeiten begrenzend, ihn selber produziert:

Hasard – Il est remarquable que l'on puisse faire du hasard. On peut fermer les yeux pour saisir une boule dans l'urne. On peut marcher

3 *Cahiers* IX, S. 560.
4 *Cahiers* IV, S. 300.
5 *Cahiers* VI, S. 416.
6 *Cahiers* XXVI, S. 17.

en s'abandonnant à la distraction . . .
On fait cela en supprimant un constituant de l'action complète.[7]

Als Vermittler einer Notwendigkeit, die als Wirkliches den „désordre" der unendlichen Möglichkeiten impliziert, ist der arbiträr auswählende Zufall für Valéry ein „acte incomplet", den die Kunst, als „action complète", in ihre Gewalt bringt, ihn zähmt, indem sie ihn als „acte incomplet" selber erzeugt. „Faire du hasard", „imiter le hasard" ist ein Gedanke, der Valéry nicht mehr losläßt[8]. Er durchdringt seine Vorstellung von „moderner Kunst":

Art moderne:
Sensibilité immédiate contre Perfection et achèvement.

C'est tirer un coup au hasard et regarder la chose atteinte comme un but que l'on se fut proposé!
A tous les coups, l'on gagne, à condition que chaque coup ait été tiré avec toutes les précautions qui garantissent la production du . . . Hasard.[9]

Die Nähe, in welche Valérys Theorie der Kunst zur Zufallskunst des Surrealismus gerät, bewirkt zugleich entschiedene Distanzierung in scharfer Polemik gegen die Ausschaltung des Bewußtseins zugunsten eines Automatismus des Unbewußten[10]. Valérys Kunsttheorie ist eher orientiert am Möglichen als am Zufall, der für ihn ja nicht die einzige Weise ist, in der sich Mögliches verwirklicht:

Il ne faut pas dire Lois du hasard, mais lois du possible, lois du classement des possibles.[11]

Das Mögliche erhält eine Redundanz, die auch das Notwendige neu sehen lehrt, und zwar so sehr, daß letzteres zur bloßen Hypothese gerät mit der Aufgabe, das Arbiträre, Zufällige, Akziden-

7 *Cahiers* XX, S. 302.
8 Vgl. dazu die Studie von Ch. Krauß, bes. S. 214 ff.
9 *Cahiers* XXVI, S. 902.
10 S. Ch. Krauß a. a. O. S. 232 ff. Vgl. K. Löwith, *Paul Valéry. Grundzüge seines philosophischen Denkens*, Göttingen 1971, S. 74.
11 *Cahiers* IX, S. 512.

telle auf *einen* Nenner zu bringen. Auch das dem Zufall entzogene, „gemachte" Kunstwerk, das Werk des „non-hasard", ist den zufällig in die Modalität des Wirklichen verwandelten Möglichkeiten ausgeliefert als den Bedingungen seiner Rezeption: „L'œuvre la plus calculée trouve le hasard – dans le réel de la consommation"[12]. Das „réel" als Summe der Möglichkeiten, die über die Wirkung des Kunstwerks befinden, erscheint Valéry, wenigstens einen Augenblick lang, auch als das, was allein uns zu dem macht, was wir sind: „L'accidentel seul réalise en nous ce que nous sommes"[13]. Die „Pluralität der Rollen", die jedes Ding für uns mittels des Zufalls spielen kann, seine „appartenance multiple", besagt indes auch, daß jeder von uns ein ganz anderer hätte sein können. „Wenn ein Mensch nicht ein ganz anderes Leben führen könnte als sein eigenes, könnte er sein eigenes nicht leben. Denn sein eigenes besteht nur aus einer Unzahl von Zufällen, von denen jeder einem anderen Leben angehören kann"[14]. Folgerichtig postuliert Valéry eine Biographie, deren Protagonist in keinem Augenblick seines Lebens weiß, was der nächste Augenblick bringt, die dem Zufall das Herrenrecht einräumt gegen jenen falschen Schein von Kontinuität, der sich auf finale Kausalität beruft[15].

12 *Cahiers* XXV, S. 862.

13 *Cahiers* XV, S. 388.

14 Zit. nach K. Löwith, a. a. O. S. 76.

15 La vie est un conte

Chaque vie commence et finit par une sorte d'accident. Pendant qu'elle dure, c'est par accidents qu'elle se façonne et se dessine. Ses amis, son conjoint, ses lectures, ses croyances, chaque vie les tient surtout du hasard. Mais ce hasard se fait oublier; et nous pensons à notre histoire personnelle comme à un développement suivi que le „temps" amènerait continuement à l'existence.

La croyance au Temps comme agent et fil conducteur est fondée sur le mécanisme de la mémoire et sur celui du discours combinés. Le type du récit, de l'histoire, de la fable contée, du dévidement d'événement et d'impressions par celui qui sait où il va, qui possède ce qui va advenir, s'impose à l'esprit . . .

Je ne sais si l'on a jamais entrepris d'écrire une biographie en essayant à chaque instant d'en savoir aussi peu sur l'instant suivant que le héros de l'ouvrage en savait lui-même au moment correspondant de sa carrière.

En somme, reconstituer le hasard à chaque instant, au lieu de forger une suite *que l'on peut résumer*, et une causalité *que l'on peut mettre en formule*. (*Œuvres*, Ed. de la Pléiade, Paris 1960, II, S. 776 f.)

Als Valéry diese Forderung aufstellte, war Marcel Proust bereits dabei, sie zu erfüllen. Im Zufall, so Valéry, verwirklicht sich das Mögliche auf Kosten des Wahrscheinlichen; was in Erscheinung tritt, hat nichts mit dem Erwarteten zu tun[16]. Doch die Verdrängung des schlecht gewordenen Wahrscheinlichen durch das Mögliche gibt einer letzten, fast verzweifelten Hoffnung Raum: daß das im Sinne der Kausalität Unwahrscheinliche eintrete als eine Erlösung von eben dieser zur sinnwidrigen Norm gewordenen Kausalität:

> Des choses peuvent arriver en dehors de notre attente, contre elle, c'est là le hasard. Mais il y a une attente dans l'attente: L'attente de l'improbable, c'est l'espoir.[17]

Marcel Prousts großer Roman kann gelesen werden als Geschichte einer „Erwartung in der Erwartung" oder: einer „Erwartung gegen die Erwartung", d. h. einer Hoffnung, die sich am Widerstand der die Erwartung bestimmenden entfremdeten Norm bricht und bereits aufgegeben ist, als sich ihr plötzlich, im letzten Augenblick, im Zufall eine Pforte auftut, nachdem sie seither vergeblich an alle Türen angeklopft hat[18].

Emma Bovarys Traum von einem anderen Leben, das ihr der Zufall hätte eröffnen können, Valérys Einsicht, daß wir ebenso wie dieses auch viele andere Leben hätten führen können, ist in Romanstruktur umgesetzte Grunderfahrung bei Marcel Proust. Swanns beiläufig gesprochenes Wort: „Sie müßten einmal nach Balbec gehen", ist ein Zufall von „ungeheuren Konsequenzen" für den Ich-Erzähler Marcel:

> Mais en déterminant ainsi la vie que nous avons menée, il a par là même exclu toutes les vies que nous aurions pu mener à la place de celle-là. Si Swann ne m'avait pas parlé de Balbec, je n'aurais pas

---

16 *Cahiers* IX, S. 560, S. oben S. 69.

17 *Cahiers* VI, S. 51.

18 *A la recherche du temps perdu*, Bibliothèque de la Pléiade, Paris 1954, III, S. 866: „Mais c'est quelquefois au moment où tout nous semble perdu que l'avertissement arrive qui peut nous sauver; on a frappé à toutes les portes qui ne donnent sur rien, et la seule par où on peut entrer et qu'on aurait cherché en vain pendant cent ans, on y heurte sans le savoir, et elle s'ouvre."

connu Albertine, la salle à manger de l'hôtel, les Guermantes. Mais je serais allé ailleurs, j'aurais connu des gens différents, ma mémoire comme mes livres serait remplie de tableaux tout autres, que je ne peux pas imaginer et dont la nouveauté, inconnue de moi, me séduit et me fait regretter de n'être pas allé plutôt vers elle, et qu'Albertine et la plage de Balbec et Rivebelle et les Guermantes ne me fussent pas restés toujours inconnus.[19]

Die Gewißheit, daß andere Leben ebenso möglich gewesen wären wie das eine beschiedene, stellt den Sinn dieses letzteren grundsätzlich in Frage. Am Zufall der Auswahl zerbricht der beste Wille, die edelste Anlage. Swanns – des unschuldigen Zufallsdeterminanten für Marcels Lebensweg – Schicksal ist die zufällige Begegnung mit der Kurtisane Odette, die zufällig Ähnlichkeiten mit einer Frauengestalt Botticellis aufweist. Der Zufall bestimmt das Objekt des Liebesbegehrens, die geliebte Frau ist „un simple accident placé devant le jaillissement de nos désirs“[20]. In der *Recherche* gibt es kaum eine Begegnung von Liebespartnern, heterosexueller wie homosexueller Art, in welcher nicht die schicksalhafte Zufälligkeit dieser Begegnung thematisiert würde[21]. Reflektierte Erfahrung feit sich schwer genug, aber unabweisbar, gegen das Wunschdenken, daß dieses Leben und diese Liebe vor-

---

19 *A la recherche du temps perdu,* III, S. 916.

20 A. a. O. II, S. 829.

21 E. Köhler, *Marcel Proust,* Göttingen (Kleine Vandenhoeckreihe 66 / 66 a) [2]1967, S. 65 ff. Eine der auffälligsten Demonstrationen ist das Rendez-vous mit Madame de Stermaria, dessen Absage eine wahrscheinlich, retrospektiv sogar gewiß determinierende erotische Kristallisation unterbricht und neuem Zufall preisgibt: „A l'égard de Mme de Stermaria . . . il me suffisait maintenant, pour l'aimer, de la revoir afin que fussent renouvelées ces impressions si vives mais trop brèves et que la mémoire n'aurait pas sans cela la force de maintenir dans l'absence. Les circonstances en décidèrent autrement, je ne la revis pas. Ce ne fut pas elle que j'aimai, mais ç'aurait pu être elle. Et une des choses qui me rendirent peut-être le plus cruel le grand amour que j'allais bientôt avoir, ce fut, en me rappelant cette soirée, de me dire qu'il aurait pu, si de très simples circonstances avaient été modifiées, se porter ailleurs, sur Mme de Stermaria; appliqué à celle qui me l'inspira si peu après, il n'était donc pas – comme j'aurais pourtant eu si envie, si besoin de le croire – absolument nécessaire et prédestiné“ (A. a. O. II, S. 393).

herbestimmt, einzig, notwendig und, selbst im Leid, allein sinnvoll und auszeichnend sein müsse. Ihre „Einzigartigkeit" ist rein aposteriorisch, Produkt der „imbrication contingente mais indissoluble de mes souvenirs"[22].

Kein Schriftsteller der Moderne hat das Wortfeld der Kontingenz so exhaustif ausgebreitet wie Marcel Proust: *hasard, accident, incidence, contingence, enchaînement des circonstances, choc, imprévu, insoupçonné, inévitable, fortuit, surprise, contretemps, coïncidence, surgir, survenir* u. a. Die insistente semantische Kohärenz bezeichnet den erkenntnistheoretischen Rang, den der Zufall in der Reflexion des Erzählers einnimmt. Die Entlarvung der Kontinuität als eines puren Scheins, der verdeckt, daß jede der aufeinanderfolgenden Ich-Parzellen anders ist als die vorausgehende und stets unvorhersehbar, das Mißtrauen gegenüber dem Objektivitätsanspruch jeder Wahrnehmung verweisen auf eine blinde, wertindifferente, sinnfremde Herrschaft der Kontingenz. Jede Wahrnehmung hängt von der zufälligen Verfassung unseres „moi actuel" ab, ist also rein subjektiv und hat keinen höheren Wahrheitsanspruch als die divergierenden Wahrnehmungen des gleichen Objekts durch andere. Die Pluralität der Ich-Momente gilt für das Objekt ebenso wie für das Subjekt und läßt in der Beziehung zwischen Menschen jede Hoffnung auf Gewißheit zuschanden werden. Jedes Urteil beruht auf einem einzigen unter vielen möglichen Aspekten und ist bedingt von der zufälligen Konstellation zweier zufälliger Ichs, von denen jedes sein eigenes Erlebnisfeld von Zeit und Raum mit sich bringt und deren jedes einem „univers particulier" zugehört, das demjenigen des anderen Menschen, selbst des vertrautesten, so unzugänglich ist wie die Essenz des eigenen früheren Ichs. Pascals paradoxe Formel: „Tout est un, tout est divers" (*Pensées*, Fragm. 116) lautet bei Proust: „L'univers est vrai pour nous tous et dissemblable pour chacun"[23]. Nur die Kunst kann die Kommunikation zwischen den „univers particuliers" leisten.

Determination, die von keiner Gesetzmäßigkeit, es sei denn dem Gesetz des Gesetzlosen, der absoluten Kontingenz her-

---

22 Vgl. III, S. 556.
23 A. a. O. III, S. 191.

kommt, leugnet den überkommenen Begriff von Kausalität. Sie ist totaler, pessimistischer, deprimierender als diese. Sie zwingt Proust nicht nur, die Dissoziation von Individuum und Gesellschaft, deren vollendete Entfremdung, in die Theorie eines psychologischen Pluralismus überzuführen, in welcher der objektive Sachverhalt jener Entfremdung sich als Zerstückelung des Individuums in die „vases clos et sans communications“ der „moi successifs“ wiederfindet. Konsequenter und radikaler als jeder andere Autor, und darin schlechterdings unüberbietbar, ist Proust dem für die moderne Literatur so charakteristischen Gebot gefolgt, daß der Erzähler sich allen Wissens darüber „wie es hat kommen müssen“ begeben muß, um noch glaubwürdig zu sein, indem er die Dimension der Zukunft tilgte, obwohl sein unablässig sich seiner Vergangenheit erinnernder Ich-Erzähler wie kein anderer des jeweils folgenden Abschnitts seines Lebens hätte gewiß sein müssen. Proust hat, dem Verdacht auf die kontingente Determination des menschlichen Daseins in einem fast masochistischen Trieb der Selbstdesillusionierung bis zur Gewißheit nachgebend, die absolute Verschlossenheit der Zukunft als absolute Unvorhersehbarkeit jedes nächsten Augenblicks in die Vergangenheit selbst eingeführt. Auch Erlebnisse, in denen Hoffnung auf zukünftige Sinngebung aufblitzt, weil sie sich zufällig mit Erwartung decken oder mit zufällig gemachter anderer Erfahrung, erhellen nur für Augenblicke die Nacht der verlorenen Zeit. Der Aufschluß über ihre Bedeutung wird vertagt.

So undurchschaubar und unvorhersehbar, weil arbiträr determinierend und jeder Anstrengung zur Herstellung eines sinnbezogenen Kausalnexus sich widersetzend, so unbestechlich ist der Zufall auch, wenn er sich herbeiläßt, der „Unerkennbarkeit des Anderen“ zum Trotz einen Zipfel des Schleiers zu lüften, der die Wahrheit und Wirklichkeit des Anderen verhüllt. Zwar versagt er sich Marcel ausgerechnet im Fall Albertines, indem er immer nur Verdachtsmomente, nie aber Gewißheit bringt, doch ermöglicht er – um nur zwei der wichtigsten Auftritte zu erwähnen – die Beobachtung der lesbisch-sadistischen Szene von Montjouvain und der Begegnung Charlus-Jupien. Letztere erscheint als das nahezu unmögliche Sich-Finden zweier Personen, die füreinander bestimmt sind, „dank einem Zufall, der so unwahrscheinlich ist, daß man ihn eine Art Wunder nennen konnte"[24]. Das Wunder ist eine der Möglichkeiten der zur Absurdität vollendeten Kontingenz, die sich des Wahrscheinlichen als einer Verfälschung des Wirklichen entledigt hat.

„Providentiell" erscheinen solche Zufälle nicht nur den direkt betroffenen Gestalten angesichts ihres Reichtums an Folgen, sondern auch, aus der Rückschau, dem zufälligen Beobachter, dem Erzähler[25]. Zu den Erfahrungen, die ihn das nun einmal vom Zufall ausgewählte Leben so und nicht anders machen läßt, treten hinzu die Erkenntnisfragmente, die, vom Zufall geliefert, mosaikartig sich zum Gesamtbild vereinigen. Dieses Gesamtbild indes könnte niemals den Rang objektiver Wahrheit erlangen ohne Gewißheit über das Subjekt, das es zeichnet, dessen gegenwärtiges Ich ehrlicherweise nichts oder nur Ungewisses von jenen Ichs zu wissen vorgibt, die es selber einmal war.

Die *Recherche* versetzt den Leser zu Beginn in die Situation einer unerhörten Anstrengung, kraft der Erinnerung die zerfällte Einheit eines menschlichen Lebens wiederzugewinnen. Der Erzähler evoziert bestimmte Stunden, in welchen er zwischen Wachen und Einschlafen, zwischen Schlaf und Erwachen, in einem die Kluft zwischen Imagination und Realität überbrückenden, die Distanz von Zeiten und Räumen aufhebenden Zustand des Wachtraums sich all jener Zimmer erinnert, die er einst bewohnt hat. Aber welcher Grad an Gewißheit und Wahrheit kommt dem Inhalt dieses Erinnerns zu? Aus der ganzen, voller Sehnsucht aufgerufenen Kindheit ist nur eine bestimmte Tageszeit, mit ihr das „Drama des Zubettgehens", die Erwartung des Gutenachtkusses der Mutter, lebendig. Vor der Aufgabe, die „tiefe Dunkelheit, die diesen Ausschnitt umlagert", zu erleuchten, versagen die Wachträume ebenso wie die Strapazierung des mnemonischen Verstandes. Sollte alles, außer jener siebten Abendstunde, für immer verloren, tot sein?

---

24 „M. de Charlus m'avait distrait de regarder si le bourdon apportait à l'orchidée le pollen qu'elle attendait depuis si longtemps, qu'elle n'avait chance de recevoir que grâce à un hasard si improbable qu'on le pouvait appeler une espèce de miracle. Mais c'était un miracle aussi auquel je venais d'assister, presque du même genre, et non moins merveilleux." (A. a. O. II, S. 628).

25 A. a. O. II, S. 601 u. 607.

Mort à jamais? C'etait possible.
Il y a beaucoup de hasard en tout ceci, et un second hasard, celui de notre mort, souvent ne nous permet pas d'attendre longtemps les faveurs du premier.[26]

Was wesentlich war an unserer Vergangenheit ist verschlossen:

C'est peine perdu que nous cherchions à l'évoquer, tous les efforts de notre intelligence sont inutiles. Il est caché hors de son domaine et de sa portée, en quelque objet matériel (en la sensation que nous donnerait cet objet matériel) que nous ne soupçonnons pas. Cet objet, il dépend du hasard que nous le rencontrions avant de mourier, ou que nous ne le rencontrions pas.[27]

Total gewordene Kontingenz selbst enthält die Chance für den Zufall jener Sinnesempfindungen, welche die „unwillentliche Erinnerung" („mémoire involontaire") auslösen, kraft deren im „Wunder einer Analogie", im Identisch-Werden mit einem vergangenen Ich sich dessen anders für immer verlorene Wahrheit erschließt. Gerade die Zufälligkeit dieser Entdeckung bildet die „Garantie ihrer Authentizität":

Leur premier caractère était que je n'étais pas libre de les choisir, qu'elles m'étaient données telles quelles. Et je sentais que ce devait être la griffe de leur authenticité (. . .) justement la façon fortuite, inévitable, dont la sensation avait été rencontrée, contrôlait la vérité du passé qu'elle ressuscitait, des images qu'elle déclenchait, puisque nous sentons son effort pour remonter vers la lumière, que nous sentons la joie du réel retrouvé.[28]

Im Medium des Zufalls wird nicht allein das Wirkliche „wiedergefunden", vielmehr bestimmt der Zufall sich als „Diktat" des nur auf diesem Wege erkennbaren Wesens der Wirklichkeit[29]. Das Glück, das wir empfinden „quand un hasard nous apporte le souvenir véritable" entsteht aus der Wiederentdeckung der „réalité telle que nous l'avons sentie", einer „réalité", die, als Substanz des sie „übersetzenden" Kunstwerks, diesem präexistierend sowohl

---

26 A. a. O. I, S. 44.
27 A. a. O.
28 A. a. O. III, S. 879.
29 „Ce livre, le plus pénible de tous à déchiffrer, est aussi le seul que nous ait vraiment dicté la réalité, le seul dont l'impression ait été faite en nous par la réalité même" (III, S. 1134, Var. zu S. 879).

„nécessaire“ wie „cachée“ ist[30]. Hatte der Erzähler bis zuletzt unter dem deprimierenden Eindruck gestanden, das „unendliche Feld des Möglichen“ breite sich so sehr aus, daß auch das zufällig offenbarte Wirkliche sich ob seiner „Unmöglichkeit“ der künstlerischen Wahrnehmung versagt, so belehrt ihn die zufällige Häufung zufälliger Erinnerungserlebnisse bei der Matinée Guermantes darüber, daß die Personen, denen er begegnet ist, die Situationen, die er erlebt hat, die Beobachtungen, die er gemacht hat, Bezugspunkte einer potentiell *unendlichen* Fülle von Ereignismöglichkeiten *und* einer vom Zufall gestifteten *endlichen* Zahl von tatsächlich eintretenden Ereignissen sind, und daß sich in solch zufälliger Koinzidenz Notwendigkeit als das eigentlich Wirkliche, das Wirkliche als das Notwendige offenbart, angesichts dessen dem Künstler nur die Freiheit bleibt, im Werk, kraft seiner Realisierung, Notwendiges und Wirkliches zu „entdecken gleich einem Naturgesetz“:

> Ainsi j'étais déjà arrivé à cette conclusion que nous ne sommes nullement libres devant l'œuvre d'art, que nous ne la faisons pas à notre gré, mais que, préexistant à nous, nous devons, à la fois parce qu'elle est nécessaire et cachée, et comme nous ferions pour une loi de la nature, la découvrir.[31]

Prousts Konzeption des Zufalls ist, ebenso wie seine „psychologie dans le temps et dans l'espace“, tief verwurzelt im Auflösungs- und Verschmelzungsprozeß der alten Gesellschaft, in deren partieller, weil fast nur die funktionslos und parasitär gewordenen Schichten der Großbourgeoisie und der Aristokratie berücksichtigender Darstellung gleichwohl der Gesamtzustand der Entfremdung von Individuum und Gesellschaft reflektiert ist. Universale Richtungslosigkeit, Desintegration der bisherigen sozialen Formationen und Ungewißheit darüber, wie die neue Welt sich organisiert[32], machen es dem auf Sinn und Kohärenz bedachten künst-

---

30 A. a. O. III, S. 881.

31 A. a. O. III, S. 881.

32 Daß Proust sich zu dieser letzteren Frage Gedanken gemacht hat, zeigt sich in der Matinée Guermantes von *Le Temps retrouvé*. Mlle de Saint-Loup, Tochter des Marquis de Saint-Loup, eines Guermantes, Enkelin Swanns und der Kurtisane Odette, Repräsentantin der Verschmelzung der beiden „Seiten“, des Großbürgertums und der hohen Aristokratie, wird nicht einen Prinzen von Geblüt heiraten, sondern einen Literaten. Die Zeit hat sich im „Wiederfinden“ gerundet und beginnt einen neuen Zyklus.

lerischen Individuum schwerer denn je, im Wirklichen die Signale des Notwendigen zu entziffern. Wahrscheinlichkeit hat aufgehört, für sinnvolle Notwendigkeit zu bürgen. Teleologie, auch die der nüchternen Rationalität, wird eitel Wahn angesichts der Omnipräsenz des Möglichen, die alles offen läßt für den arbiträren Zufall. Es ist dieser Weltzustand selbst, auf den Prousts Tychismus eine Antwort zu geben versucht in einer beispiellosen Anstrengung, die sich dem Gesetz dieses Weltzustands unterwirft, um seine Wirklichkeit als eine Wahrheit der Kunst zu entdecken: das Mögliche selbst als das Notwendige, die Kontingenz als das Gesetz, das sich zugleich erfüllt und aufhebt in dem vom Zufall abhängigen Gelingen des Kunstwerks, das in diesem Gesetz den „Grund" als die Notwendigkeit des kausal Nicht-Notwendigen festmacht.

Die Herrschaft des Möglichen, die dem Zufall die ganze Domäne einräumt, macht auch das Unwahrscheinliche wirklich: die Unwahrscheinlichkeit der Selbstverwirklichung. In *A la recherche du temps perdu,* fiktive Autobiographie eines Schriftstellers und Roman des Romans in einem, ist der Zufall dominierendes Strukturprinzip, das alle bestimmbare Zukunft eliminiert und die Realisierung der künstlerischen „vocation" im „hasard" der „mémoire involontaire" allein der „Gnade des Zufalls" anheimgibt. Noch einmal beugt sich der Zufall jener „Erwartung in der Erwartung", welche die Hoffnung ist (Valéry).

„L'attente de l'improbable, c'est l'espoir", so hieß es bei Valéry. „Les puissances du *hasard objectif* . . . se jouent de la vraisemblance", heißt es bei André Breton[33]. Die Hoffnung gründet sich auf den Zufall, als ganz und gar unerklärbar beschworen in André Bretons *Nadja:*

> Le regard de Nadja fait maintenant le tour des maisons. „Vois-tu, là-bas, cette fenêtre? Elle est noire, comme toutes les autres. Regarde bien. Dans une minute elle va s'éclairer. Elle sera rouge." La minute passe. La fenêtre s'éclaire. Il y a, en effet, des rideaux rouges. (Je regrette, mais je n'y puis rien que ceci passe peut-être les limites de la crédibilité. Cependant, à pareil sujet je m'en voudrais de prendre parti: je me borne à *convenir* que de noire, cette fenêtre est alors

---

33 *L'Amour fou,* Paris 1937, S. 100.

devenue rouge, et c'est tout). J'avoue qu'ici la peur me prend, comme aussi elle commence à prendre Nadja.[34]

Traumhaft sicher erwartete Willfährigkeit des mit der Magie des Wortes beschworenen Zufalls realisiert im Möglichen das schlechthin Unwahrscheinliche. Nadja und das Ich des „récit" (Breton), vom Mysterium der eigenen – motivgeschichtlich auf Baudelaires *A une passante* zurückgehenden[35] – Zufallsbegegnung „disponiert" für den Zufall, erfahren sein Eintreten gleichwohl als ein Numinosum.

Nadja spricht, als stünde sie unter dem Diktat des Unbewußten, Folge einer Eingebung, in welcher der Zufall der Divination sich als Zu-Fall entpuppt, der nichts voraussetzt als die „disponibilité" für den „hasard objectif": „. . . je n'attends rien que de ma seule disponibilité, que de cette soif d'errer *à la rencontre* de tout . . ." heißt es in *L'Amour fou*[36]. Offenkundig ist die Beziehung solcher Erlebnisbereitschaft für den „objektiven Zufall" zur „écriture automatique", die – vertraut man einem der besten Kenner des Surrealismus – „nichts anderes ist als die Wiedereinführung des objektiven Zufalls in die Sprache, während der objektive Zufall die „écriture automatique" des Schicksals in der rohen Welt des Tatsächlichen ist"[37]:

Die Entdeckung des Zufalls als revelatorischer Grunderfahrung der modernen Kunst steht von Anfang an im Zusammenhang mit der Tiefenpsychologie. Für die Dadaisten – der Name Dada selber entstammt einem provozierten Zufall – ist der Zufall „das eigentliche Zentral-Erlebnis" in einem Weltbild, in dem außer den kausalen noch andere, bisher ungesehene und un-erhörte Erfahrungen sich offenbaren, Gesetzmäßigkeiten, die das Gesetzlose einschließen"[38]. Hans Richter, Dadaist und Historiker Dadas, bezieht sich

---

34 *Nadja,* Paris 1928, S. 167 f.

35 Vgl. dazu E. Lenk, *Der springende Narziß. André Bretons poetischer Materialismus,* München 1971, S. 78.

36 André Breton, *L'Amour fou,* S. 32.

37 Michel Carrouges in: *Entretiens sur le surréalisme,* sous la direction de F. Alquié, Paris-La Haye 1968, S. 272. Vgl. G. Steinwachs, *Mythologie des Surrealismus oder Die Rückverwandlung von Kultur und Natur,* Neuwied und Berlin 1971, S. 80 ff.

38 Hans Richter, *Dada – Kunst und Antikunst,* Köln 1964, S. 52 und S. 60.

sowohl auf Freuds Entdeckung des Unbewußten wie auf C. G. Jungs Bestimmung des Zufalls als eines „ursachlosen Angeordnetseins“, als „Bezeichnung eines Zustandes, der eine Ordnung außerhalb der Kausalität etabliert“[39]. Die „Arbeit mit dem Zufall“ beruft sich auf ein „Gesetz des Zufalls“, dem kraft der ihr möglichen Erschließung des Unbewußten ein höherer Realitätsgrad zukommt als dem Bereich der Kausalität; mit den Worten Hans Arps:

> Das Gesetz des Zufalls, das alle Gesetze in sich begreift und uns unfaßlich ist wie der Urgrund, aus dem das Leben steigt, kann nur unter völliger Hingabe an das Unbewußte erlebt werden. Ich behaupte, wer dieses Gesetz befolgt, erschafft reines Leben.[40]

Freuds Entdeckung des Unbewußten ist für Dada und die Surrealisten zunächst weniger Erkenntnis- als Befreiungsakt. Die rebellische Konzeption der Kunst als Antikunst versteht sich als radikalen Bruch mit den Traditionen der bürgerlichen Gesellschaft, die Ausschaltung der Kausalität als Widerspruch gegen deren widerliche soziale Fungibilität. Die enthusiastische Hingabe an das Material und seinen zufallproduzierenden Widerstand[41] ist, von Tristan Tzaras Papierschnitzelgedichten bis zum modernsten Happening, nicht Ursache, sondern Folge eines Gesellschaftszustands, in dem allein das vom Zufall Offenbarte verschont ist von falschem Bewußtsein, frei von Ideologie, nicht stigmatisiert von der totalen Verdinglichung der menschlichen Lebensverhältnisse. Zitieren wir abermals, und diesmal vollständiger, ein Bekenntnis Bretons:

> Aujourd'hui encore je n'attends rien que de ma seule disponibilité, que de cette soif d'errer *à la rencontre* de tout, dont je m'assure qu'elle me maintient en communication mystérieuse avec les autres êtres disponibles, comme si nous étions appelés à nous réunir soudain. J'aimerais que ma vie ne laissât après elle d'autre murmure que celui d'une chanson de guetteur, d'une chanson pour tromper l'attente. In-

---

39 A. a. O. S. 57.

40 Zit. nach H. Richter, a. a. O. S. 56.

41 Vgl. hierzu J. Wissmann, *Collagen oder die Integration von Realität im Kunstwerk,* in: *Immanente Ästhetik, ästhetische Reflexion* (Poetik und Hermeneutik II), hrsg. von W. Iser, München 1966, S. 327 ff.

dépendamment de ce qui arrive, n'arrive pas, c'est l'attente qui est magnifique.[42]

Authentische menschliche Kommunikation, die sich nicht widerspruchsfrei partiell im Gruppenbewußtsein von Dadaismus und Surrealismus realisiert, ist, als „communication mystérieuse avec les autres êtres disponibles", so verzweifeltes wie beseligendes Postulat in einer Gesellschaft, in welcher der Tauschwert den Gebrauchswert vollständig überwuchert. Nur der Zufall restituiert das Authentische, Unverfälschte, entdeckt es im vermeintlich rein subjektiven Unbewußten als das in Wahrheit Objektive. Darin jedenfalls erscheint der umstrittene Begriff des „objektiven Zufalls" eindeutig bestimmbar[43]. Die Collagen unserer Träume „dekomponieren" das mit Fremdbestimmung identisch gewordene Logisch-Kausale und „rekomponieren" via Zufall die disjecta membra zu einer „überwirklichen", im Zufall als „Zeichen" das Buch der Welt dechiffrierenden Wahrheit, in der sich zugleich Zukunft entwirft.

Vor dem drohenden Abgrund des Irrationalismus, einer der Möglichkeiten des Surrealismus, die einen Lukács dazu verführten, die künstlerische Avantgarde blindlings dem Irrationalismus zuzuordnen, sie falschen Bewußtseins zu zeihen und in das über die Psychoanalyse verhängte Anathem einzubeziehen, errichtete André Breton die Barriere einer Konzeption des Zufalls, die sich sowohl Marx' bzw. Engels' wie Freuds versichert. Kritische Sichtung der Resultate einer gemeinsam mit Paul Eluard unternommenen Enquête[44] führte, nach Diskussion der Auffassungen des Zufalls bei Aristoteles, Cournot, Poincaré und dem modernen Materialisten zur Definition des Zufalls als der „Form, in welcher die äußere Notwendigkeit sich manifestiert, die sich einen Weg durch das menschliche Unbewußte bahnt"[45]. Was der Zufall erschließt, ist somit ein Wirkliches und Notwendiges, das ohne ihn unentdeckt bliebe. Begehren (*désir*) versetzt in den Zustand der „attente ma-

---

42 *L'Amour fou*, S. 32 f.

43 Wie groß im übrigen die Verlegenheit angesichts der Frage, was unter dem „hasard objectif" der Surrealisten und bes. Bretons zu verstehen sei, noch immer ist, dafür legen die Diskussionen der *Entretiens sur le surréalisme* Zeugnis ab, a. a. O. S. 274 ff.

44 Die vorgelegte Frage lautete: „Pouvez-vous dire quelle a été la rencontre capitale de votre vie? – Jusqu'à quel point cette rencontre vous a-t-elle donné, vous donne-t-elle l'impression du fortuit? du nécessaire?" (*L'Amour fou, S. 22*).

gnifique", in jene „disponibilité", die das Subjekt zum Medium des revelatorischen Zufalls macht[46].

Als ästhetische Kategorie, welche zumindest die großen Surrealisten nicht von der ontologischen trennen mochten, verheißt der „objektive Zufall" die Entdeckung des Wunderbaren im Banalen. Das bewunderte Modell des surrealistischen Bildes, Lautréamonts „rencontre fortuite, sur une table de dissection, d'une machine à coudre et d'un parapluie" meint nicht nur den Zufall subjektiver Erfindung, sondern ebenso die zufällige Konstellation des Gefundenen als eines im Möglichen potentiell Wirklichen. Wie M. Carrouges gesehen hat, lehnt Max Ernsts Strukturbestimmung des surrealistischen Bildes sich an die Begegnung einer Nähmaschine und eines Regenschirms auf einem Seziertisch an: „Accouplement de deux réalités en apparence inaccouplables sur un plan qui en apparence ne leur convient pas"[47]. Wenn psychoanalytische Interpretation Seziertisch, Nähmaschine und Regenschirm als Symbole von Bett, Frau und Mann erkennt, so kann sie sich gerade in Bezug auf die absolute, unvorhersehbare Zufälligkeit der Begegnung auf Freud selbst berufen, der am Ende seiner Abhandlung *Eine Kindheitserinnerung des Leonardo da Vinci* schrieb:

> Wenn man den Zufall für unwürdig hält, über unser Schicksal zu entscheiden, ist es bloß ein Rückfall in die fromme Weltanschauung, deren Überwindung Leonardo selbst vorbereitete, als er niederschrieb, die Sonne bewege sich nicht. Wir sind natürlich gekränkt darüber, daß ein gerechter Gott und eine gütige Vorsehung uns nicht besser vor solchen Einwirkungen in unserer wehrlosesten Lebenszeit behüten. Wir vergessen dabei gern, daß eigentlich alles an unserem Leben Zufall ist, von unserer Entstehung an durch das Zusammentreffen von Spermatozoon und Ei, Zufall, der darum doch an der Gesetzmäßigkeit und Notwendigkeit der Natur seinen Anteil hat, bloß der Beziehung zu unseren Wünschen und Illusionen entbehrt[48].

---

45 „. . . *le hasard serait la forme de manifestation de la nécessité extérieure qui se fraie un chemin dans l'inconscient humain* (pour tenter hardiment d'interpréter et de concilier sur ce point Engels et Freud)". (A. a. O. S. 25.)

46 S. *L'Amour fou,* S. 100 ff. Vgl. M. Carrouges, *André Breton et les données fondamentales du surréalisme,* Paris, Gallimard (Collection Idées), 1967, S. 245 ff.

47 Zit. nach Carrouges a. a. O. S. 137.

48 *Gesammelte Werke* Bd. VIII, London 1943 (Frankfurt a. M. [5]1969) S. 210.

Die unendliche „Willkür der Notwendigkeit" (Hegel) im Zufall ist indessen nicht nur diejenige der Natur, sondern auch – was seit Marx schwerlich geleugnet werden kann – eine solche der Gesellschaft, die, durch die Familie vermittelt, auch das nach Freud im Unbewußten so lebensbestimmende Kindheitserleben prägt. Bretons Zufallsbestimmung versuchte beiden Komponenten Rechnung zu tragen. Ein Bekenntnis in *Nadja* greift noch tiefer, einsetzend mit der noch verhaltenen Exhortation zum Aufruhr gegen die Welt des Kalküls:

> J'espère, en tout cas, que la présentation d'une douzaine d'observations de cet ordre et de celle qui va suivre sera de nature à précipiter quelques hommes dans la rue, apres leur avoir fait prendre conscience, sinon du néant, du moins de la grave insuffisance de tout calcul soi-disant rigoureux sur eux-mêmes, de toute action qui exige une application suivie, et qui a pu être préméditée. Autant en emporte le vent du moindre fait qui se produit, s'il est vraiment imprévu[49].

Das Imprévu des Zufalls als Hoffnung gewinnt seine Bedeutung aus der Opposition zur Persistenz des ökonomischen Kausaldenkens, als dessen selbsterzeugter Widerspruch, der sich auf degradierte Arbeit und falsch gewordenes Arbeitsethos richtet:

> Et qu'on ne me parle pas, après cela, du travail, je veux dire de la valeur morale du travail. Je suis contraint d'accepter l'idée du travail comme nécessité matérielle, à cet égard je suis on ne peut plus favorable à sa meilleure, c'est-à-dire à sa plus juste, répartition. Que les sinistres obligations de la vie me l'imposent, soit, qu'on me demande d'y croire, jamais. Je préfère, encore une fois, marcher dans la nuit à me croire celui qui marche dans le jour. Rien ne sert d'être vivant, s'il faut qu'on travaille[50].

Das Pathos, mit dem Breton den „hasard objectif" ausstattet, erwächst aus der widerwillig hingenommenen arbeitsteiligen Welt, deren Entfremdung das Recht auf Sinnerfüllung des individuellen Lebens illusorisch macht:

> L'événement dont chacun est en droit d'attendre la révélation du sens de sa propre vie, cet événement que peut-être je n'ai pas encore trouvé mais sur la voie duquel je me cherche, *n'est pas au prix du travail*[51].

---

49 *Nadja*, S. 72 f.
50 A. a. O. S. 73 f.
51 A. a. O. S. 74.

Der Auftritt Nadjas, die zufällige Begegnung mit ihr in den Straßen der Großstadt, in der sich verwirklicht, was bei Baudelaire zum Bild der verfehlten Chance gerann, hat gerade hier seinen tiefen Grund und seine poetische Rechtfertigung. Bretons Reflexion über Arbeit und Zufall schließt mit dem Satz:

> Mais j'anticipe car c'est peut-être là, par-dessus tout, ce qu'à mon temps m'a fait comprendre et ce qui justifie, sans plus tarder ici, l'entrée en scène de Nadja[52].

Die Begegnung mit Nadja ist, darin ist ihre poetische Essenz beschlossen, als objektiver Zufall frei vom Makel der Verdinglichung und wäre doch nicht ohne diese. Sie promulgiert, „mögliche" Autonomie gegen „wahrscheinliche" Heteronomie mobilisierend, was Hans Mayer treffend das „Recht auf den eigenen Zufall" nennt, das moderne Kunst von Dada über „objet trouvé", „ready made", „action painting", Collage und aleatorische Musik bis zum Happening beharrlich geltend macht gegen gesellschaftliche Determination[53]. Weil letztere die Wahrscheinlichkeit vereinnahmt hat, bringt der Zufall Notwendigkeit nicht mehr über das Wahrscheinliche zur Existenz, sondern über das diesem extrem entgegengesetzte, d. h. unwahrscheinliche Mögliche. Ihre dialektische Einheit haben die Gegensätze nunmehr im Absurden, in dem alles gleich möglich und gleich notwendig erscheint.

Valérys Überzeugung, der Mensch sei eine zufällige Hervorbringung der Natur, die ebensowohl auch hätte ausbleiben können, nimmt die Thesen vorweg, die in den Jahren 1970/71 das Buch des Molekularbiologen Jacques Monod – *Le hasard et la nécessité* – zur Sensation, aber auch zum Ärgernis christlicher wie marxistischer Orthodoxie werden lassen[54]. Der einzige ehrliche Weg zum Selbstverständnis des Menschen ist, so lesen wir bei Monod, die Einsicht

---

52 A. a. O.

53 Hans Mayer, *Kaspar, der Fremde und der Zufall. Literarische Aspekte der Entfremdung*, in: H. M., *Das Geschehen und das Schweigen. Aspekte der Literatur*, Frankfurt a. M. 1969 (edition suhrkamp 342), S. 101 ff. Vgl. darin auch Vorbemerkung: *Happening und Innenwelt.*

54 *Le hasard et la nécessité. Essai sur la philosophie naturelle de la biologie moderne*, Paris 1970.

in eine Notwendigkeit, die unter dem Gesetz des „hasard pur“ steht, einer „liberté absolue mais aveugle“[55].

Der Erkenntnis, daß der Zufall nicht zur Hilfskonstruktion mangelnden Durchschauens von Ursachen, nicht nur „asylum ignorantiae“ einer unentwirrbaren Kausalität, sondern eine objektive, empirisch faßbare Sachverhalte der Natur wie der Geschichte umgreifende Kategorie ist, konnte sich weder die Wissenschaft noch die Kunst verschließen. Seit mindestens fünfzig Jahren, so belehrt uns ein Theoretiker des Zufalls im Jahre 1963, ist das Reich der Kausalität, das einst dasjenige der Providenz ablöste, zu Ende[56].

Der Zufall kehrt sich an keine Be-deutung mehr. „Devant son existence – so hieß es schon bei Mallarmé – la négation et l'affirmation viennent échouer. Il contient l'Absurde.“ Hier kündigt sich die Grunderfahrung für die Kunst unserer Tage an. „König Zufall“ herrscht in der absurden Welt eines Albert Camus:

> Je peux tout réfuter dans ce monde qui n'entoure, me heurte ou me transporte, sauf ce chaos, ce hasard roi et cette divine équivalence qui naît de l'anarchie[57].

Der Zufall, „la seule divinité raisonnable“[58], d. h. die einzige Gottheit, die nicht das Gute befiehlt und zugleich das Böse geschehen läßt, sondern indifferent ist, die einzige widerspruchsfreie Gottheit, erschließt der Erkenntnis das Wesen der Absurdität. Der Zufall, der in *L'Etranger* den Mord an dem Araber herbeiführt, bezeugt keine andere Notwendigkeit als diejenige des bloß Möglichen, des Absurden selbst. Nicht ursachlos ist dieser Zufall, doch motivlos, und gerade darin Selbstoffenbarung und – für den „Fremden“ – Beginn der Bewußtwerdung der universellen Absurdität[59]. Letztere eröffnet sich freilich nur dem direkt Betroffenen,

---

55 A. a. O. S. 127.

56 Marcel Boll, *L'exploitation du hasard,* Paris 1963, S. 62 (Sammlung „Que sais-je?“ No 57).

57 *Le mythe de Sisyphe,* Paris 1942, S. 73.

58 *La chute,* Paris 1956, S. 92.

59 Hierzu neuerdings – mit dem Nachweis, daß Camus dem Geschehen von *L'Etranger* die tiefenpsychologischen Archetypen der uroborischen Geborgenheit (präabsurdes Bewußtsein Meursaults) und Hierosgamos (Mord, Bewußtwerdung des Absurden) unterlegt hat – Henning Krauß, *Zur Struktur des Etranger,* Zeitschr. f. franz. Sprache und Literatur LXXX (1970) S. 210-229.

nicht seiner Umwelt, nicht dem Gericht, das die „Zufalls"-Argumente des Angeklagten und seines einzigen Entlastungszeugen als bloße Ausflucht zurückweist und aus rein moralischen Indizien einen zum Todesurteil ausreichenden Motivationszusammenhang konstruiert[60]. Nicht die obsolet gewordene Vorstellung von Sünde und Buße, sondern eine ordnungskonservierende Vorstellung von Kausalität ist es, die Meursault das Recht bestreitet, seine Tat mit dem absurden Zufall zu begründen, der sie veranlaßte. Wenn Meursault – der Christus der absurden Welt nach Camus' eigener Aussage, „der einzige, den wir verdienen" – seine Schuld bejaht und in die Sühne einwilligt, so nicht, weil er sich dem geltenden Recht unterwürfe, sondern weil er das Gesetz des gesetzlosen Zufalls bejaht, der sich ihn zur Störung der „tendre indifférence du monde", des immanenten Glücksreservats der absurden Welt, auserkor. Als Christus der absurden Welt erleidet auch er stellvertretend den Tod für eine nunmehr absolut sinnwidrig gewordene Erbsünde.

Meursaults Einwilligung in die Absurdität kann als diejenige des Autors selbst, seine Unterwerfung unter sie als Affirmation der Gesellschaft, gegen die sie doch leidenschaftlich protestiert, verstanden und der Vorwurf somit gegen Camus selbst erhoben werden. Als Anspruch und Anrecht auf den „eigenen Zufall" scheint der „Fremde" wie sein Autor doch nur eine neue individualistisch verbrämte Form der Entfremdung zu akzeptieren. „Was Meursault für seine Individualsphäre aus Zufall und Gleichgültigkeit hält, ist in Wirklichkeit ein Bestandteil der verdinglichten Gesellschaftsordnung"[61]. Dies, selbst wenn es wider Willen geschehen sein sollte,

---

60 *L'Etranger*, Paris 1957: „J'ai dit que c'était le hasard" (S. 125). „Le président lui a demandé cependant si la victime n'avait pas de raison de me haïr. Raymond a dit que ma présence à la plage était le résultat d'un hasard. „Le procureur lui a demandé alors comment il se faisait que la lettre qui était à l'origine du drame avait été écrite par moi. Raymond a répondu que c'était un hasard. Le procureur a rétorqué que le hasard avait déjà beaucoup de méfaits sur la conscience dans cette histoire. Il a voulu savoir si c'était par hasard que je n'étais pas intervenu quand Raymond avait giflé sa maîtresse, par hasard que j'avais servi de témoin au commissariat, par hasard encore que mes déclarations lors de ce témoignage s'étaient revélées de pure complaisance" (S. 135).

61 Hans Mayer, *Das Geschehen und das Schweigen*, S. 124.

zu demonstrieren, wäre nicht das kleinste unter den Verdiensten Camus' wie der modernen „avantgardistischen" Literatur überhaupt in ihrem Verzicht auf erbauliche Zukunftsträume, in denen nur die geringste aller Möglichkeiten, wenn solche überhaupt ohne erst recht „falsches Bewußtsein", sich eher gauklerisch als antizipierend breitmacht.

Unzählige Male liest Meursault im Gefängnis aus einer vergilbten Zeitung den Bericht von einem „fait divers", den die Literaturgeschichte seit langem kennt: die „böhmische" Geschichte vom verlorenen Sohn, der, reich geworden, mit Familie in die Heimat zurückkehrt, sich unerkannt bei Mutter und Schwester einquartiert und von beiden, die er überraschen wollte, seines Geldes wegen ermordet wird. Die Mutter erhängt, die Schwester ertränkt sich[62]. Meursault erscheint diese Geschichte zugleich „unwahrscheinlich" und „natürlich": „D'un côté, elle était invraisemblable. D'un autre, elle était naturelle". Sein Fazit: „De toute façon, je trouvais que le voyageur l'avait un peu mérité et qu'il ne faut jamais jouer"[63]. Wo das „Unwahrscheinliche" und das „Natürliche" koinzidieren, hat Kausalität ausgespielt und dem Zufall die Herrschaft über das Mögliche eingeräumt. Den Zufall provozieren aber, mit ihm „spielen", bedeutet, seine schlechte, vernichtende Seite ebenso aufzurufen wie seine Verheißung möglichen Glücks.

Camus hat das tödliche Risiko des heimkehrenden Sohnes dramatisiert in *Le Malentendu*. Jean, der Heimkehrer, stellt dem Zufall anheim, ob er erkannt wird, demselben Zufall, der es will, daß Schwester und Mutter letztmalig einen Gast töten und berauben, um den ihnen vom Leben vorenthaltenen Anspruch auf Glück endlich verwirklichen zu können. Die Fatalität der Koinzidenz des doppelten Zufalls entbehrt jeder Art von Sinn, sie ist absurd. Jean – Verkörperung der „innocence" des entfremdeten Menschen – „spielt" trotz ahnungsvoller Warnung seiner Frau Maria mit dem Zufall, experimentiert mit ihm, als sei es nicht bereits schlimm genug, in einer Welt zu leben, die vom Zufall beherrscht wird und in welcher der Zufall, wie Meursault erfahren mußte, sich seine Opfer auch ohne deren Zutun wählt. Martha, die Schwester – die Seite der Empörung des in seiner Welt exilierten

---

62 *L'Etranger* S. 113 f.
63 A. a. O. S. 114.

Menschen – hält noch im Untergang den Anspruch aufrecht, durch Verbrechen zu erzwingen, was der Zufall des Lebens ihr vorenthalten hat. Sie will nicht sterben, ohne zuvor ihrer Schwägerin Maria beizubringen, daß deren Recht auf friedliches Glück sowenig in der „Ordnung" dieser Welt sei wie das eigene („Il me reste à vous désespérer". „... c'est maintenant que nous sommes dans l'ordre ... Celui où personne n'est jamais reconnu.")[64] Marias — der Verkörperung der Sehnsucht nach Liebe und Du im „désert du monde" – verzweifelte Anrufung Gottes um Mitleid und Hilfe ruft Gott auf den Plan in Gestalt des alten Domestiken. Stummer Zuschauer bisher und Förderer des grausigen Geschehens[65], bricht er erstmals sein Schweigen für ein definitives, das Stück beschließendes, unwiderrufliches „Nein!" Es ist der Gott des Zufalls, der Gott der absurden Welt, dessen „Nein" imperativisch besiegelt, wovon Martha die Schwägerin zu überzeugen versucht. Der Zufall muß, wo er sich auch der verzweifelten Anstrengung zur Sinngebung widersetzt, als Herrschaftsmodus einer absurden Welt identifiziert werden. Marthas krimineller Versuch, unter Ausnutzung des Zufalls den Zufall ihres Exiliertseins zu korrigieren, Jeans „Spiel" mit dem Zufall, Marias Anspruch auf ein zufälliges Reservat privaten Glücks haben – auch mit Meursault – Eines gemeinsam: Das „Pochen auf den eigenen Zufall" (Hans Mayer). Es leitet sich her aus dem universal gewordenen Gesetz des gesetzlosen und somit absurden Zufalls und ist doch zugleich Protest gegen dieses im gewollten individuellen Nichtübereinstimmen mit der willkürlichen Determinierung durch eine total entfremdete und entfremdende Kausalität[66].

Die Revolte gegen den Zufall sieht sich auf den Zufall selbst verwiesen, hat ihre Chancen allein innerhalb der Zufälligkeit selbst und das heißt innerhalb eines kontingenzbestimmten Notwendigen, unter dessen Möglichkeiten diejenigen die Realisierung von Hoffnung enthalten, die die geringsten sind an Zahl und die am wenigsten wahrscheinlichen.

---

64 *Le malentendu suivi de Caligula,* Paris 1957, S. 93 und S. 94 (III, 3).

65 Er insistiert darauf (II, 1), daß die beiden Frauen den zufällig zur Erde gefallenen Paß ihres Opfers lesen und dieses als Sohn und Bruder identifizieren.

66 Wir stimmen hier mit der Analyse H. Mayers a. a. O. überein, ohne uns allen seinen Folgerungen anzuschließen.

Das unerwartete Erscheinen (des absurden) Gottes am Ende von *Le malentendu* hat seine genaue Entsprechung in dessen – trotz beharrlicher Erwartung – Nicht-Erscheinen in Samuel Becketts Stück *En attendant Godot*. Gewiß nicht ohne Belang, aber letztlich nicht entscheidend ist die Frage, ob Godot von *God* herkommt oder von Godeau (Balzac: *Mercadet*) oder von beidem. Heilshoffnung, die sich auf eine wie auch immer willkürlich befindende Gnade gründet, ist das Hauptthema des Werks, das sich indessen jeder christlichen, überhaupt religiösen Deutung widersetzt[67]. Wladimir und Estragon warten auf eine Erlösung, die allein der Zufall bewirken könnte. Gnade ist zum arbiträren Zufall, zur geringsten, unwahrscheinlich gewordenen Möglichkeit geschrumpft, und doch unentbehrlich zum Weiterleben. Der dürre Baum, an dem sich aufzuhängen den beiden Landstreichern als die vernünftigere Alternative erscheint, läßt über Nacht dürftige Blätter der Hoffnung sprießen. Doch anstelle Godots, des abermals vergeblich Erwarteten, erscheinen – zum zweiten Mal, und darin die Möglichkeiten des Zufalls ebenso demonstrierend wie das Ausbleiben Godots – Pozzo, der Herr, und Lucky, der Knecht, blind statt verblendet der Erste, stumm, statt auf Befehl denkend und tanzend, Blindenhund statt Kettenhund, der Zweite. Absurder denn je, weil von keinerlei Begründung mehr aufzufangen, ist der Ratschluß, der den einen zum Herrn, den andern zum Knecht bestellte:

> POZZO: Schließlich hätte ich in seiner Haut stecken können und er in meiner. Wenn der Zufall es nicht anders gewollt hätte. Jedem das Seine[68].

Diese Zuweisung sozialen Schicksals ist dieselbe, die – wovon im Stück ausführlich die Rede ist – den einen Schächer am Kreuz verdammte, den anderen rettete, dieselbe, die zwischen Kain und Abel entschied (im Zusammenhang mit dem Herr-Knecht-Verhält-

---

67 S. Martin Esslin, *Das Theater des Absurden*, Frankfurt a. M. 1965 (rde) S. 41. Esslins Deutung kommt unserem Verständnis des Stücks weitgehend entgegen; wir stützen uns im folgenden darauf.

68 S. Beckett, *Warten auf Godot – En attendant Godot – Waiting for Godot*, Frankfurt a. M. 1971 (Suhrkamp Taschenbuch 1) S. 83.

nis gesagt), und sie ist dieselbe, die Godot den Jungen, der die Ziegen hütet, gut behandeln, dessen Bruder aber, der die Schafe hütet, malträtieren läßt. Estragon ahnt, daß die Ankunft Godots auch den Spruch der Verdammnis bringen kann, ebenso wie die Erlösung. Godot ist nicht Gott, sondern der Zufall, oder aber beides zugleich.

Godot *ist* der Zufall, reduziert auf die furchterregende und zugleich verzweifelte Hoffnung belassende Chance von 1 zu 1. Doch auch die Erwartung, der Zufall *müsse* sich entscheiden, ist eitel. Eben weil Godot identisch ist mit dem Zufall, ist sein in Aussicht gestelltes Kommen dem Zufall unterworfen und braucht nicht stattzufinden. Bevor Godot kommt – wird er überhaupt kommen? – und bevor Pozzo und Lucky ein drittes Mal erscheinen – vielleicht in Aufhebung des Herr-Knecht-Verhältnisses, in seiner Vernichtung, oder seiner Umkehrung? – fällt der Vorhang. Zuvor aber entschließen sich Wladimir und Estragon, sich aufzuhängen,

WLADIMIR . . . Es sei denn, daß Godot käme.
ESTRAGON Und wenn er kommt?
WLADIMIR Sind wir gerettet[69].

Hoffnung regrediert zu bloßer, freilich lebenserhaltender Gewohnheit. Was diese vom siechenden Vegetieren noch unterscheidet, ist in Becketts späteren Werken getilgt. Die Reduktion ist vollkommen, der Zufall hält sich nur noch an die größere Wahrscheinlichkeit, diejenige, die das schlechteste Mögliche auswählt, und scheint sich damit als Modalität einer finsteren, ja finstersten Notwendigkeit seit eh und je zu bestätigen und auch jene letzte Hoffnung zu widerlegen, die Wladimir und Estragon noch mit Valérys „Erwartung in der Erwartung“ verband.

Jene mächtige innere, obgleich erst retrospektiv sichtbare Notwendigkeit, die Marcel Prousts Roman der Zeit und des Zufalls durchwaltet, verdankt dieser Roman dem Umstand, daß die vollendete Kontingenz des entfremdeten Lebens in ihrer Ausschließlichkeit zum Ausgangspunkt und Gegenstand, und folgerichtig auch zum Strukturprinzip geworden ist. Die „Gnade des Zufalls“, der allein das Wiederfinden der verlorenen Zeit verdankt wird,

---

69 A. a. O. S. 231 f.

ist auch die Voraussetzung dafür, daß dieser Roman – als Roman des Romans – überhaupt geschrieben werden konnte. Bei Beckett gibt auch der Zufall sich nicht mehr dazu her, die Welt des Menschen der Absurdität ihres Zufallsbestimmtseins zu entreißen. Letzte Möglichkeit des Kunstwerks ist es, dessen eigenes Scheitern als Sinngebilde zur Darstellung zu bringen. Verstummen wäre die Konsequenz solcher Erkenntnis; Beckett führt sie fortschreitend immer näher an den Punkt heran, wo dieses Verstummen gerade noch benannt werden kann als äußerste Verkrüppelung des Menschen unmittelbar vor seiner Auflösung im mit dem Nichts identisch gewordenen Absurden.

Eine „création sans lendemain" nannte Albert Camus das absurde Kunstwerk. Auch Beckett schreibt es – wie Camus – trotzdem. Mag das Imaginierbare im Wirklichen auch nur noch schlechte Möglichkeiten sichten, sie bleiben ins Mögliche gebannt und sind somit absolut determinierter Notwendigkeit noch nicht oder schon nicht mehr verfallen. Auch wo in der Gegenwart das schlimmste Mögliche so dominiert, daß es den Horizont der Zukunft total verdüstert, bleibt es doch immer nur Mögliches, das anderes Mögliches niemals gänzlich der Chance beraubt. Am allerwenigsten, scheinbar sinnwidrig und doch logisch, im Reiche des Absurden als dem Reich der in die vollendete Kontingenz umschlagenden, zur Zweckkausalität pervertierten Naturkausalität.

Becketts Protagonisten bleiben „disponibel", stehen bereit für eine eventuell sich doch noch bietende Möglichkeit des Auswegs aus dem Elend. „Disponibilité" und „attente" bilden eine der – literarisch vielleicht wichtigsten – Grundhaltungen, zu denen die entfremdete Welt den Menschen noch ermächtigt. Passivität, Unterwerfung, Treibenlassen scheinen sie zu bestimmen, bezeichnen aber auch die Aufgabe der Selbstaufhebung, die mit ihr gesetzt ist als ihre allein weiterführende Antithese. Ihre Möglichkeiten sind der Notwendigkeit inhärent. Zunächst aber führt der Versuch, die bloße Velleität zu überspringen, in den Selbstbetrug vermeintlicher, in Wahrheit nihilistischer Autonomie. André Gides „Immoraliste" potenziert die „disponibilité" durch rücksichtsloses Abwerfen aller moralischen und sozialen Bindungen im Interesse einer absolut egoistischen Selbstverwirklichung, die störungsfreie Erwartung präpariert, um die Gunst des Zufalls auf sich zu lenken:

„. . . je me promis, un autre jour, de descendre tout seul au jardin et d'attendre, assis sur un banc, le hasard d'une rencontre heureuse"[70]

Die erreichte Freiheit erweist sich als inhaltsleer und falsch. Sie besiegelt ein Scheitern, bei dem Mathieu in Sartres *Les Chemins de la liberté* neu ansetzt, ohne daß uns mit Sicherheit gesagt würde, ob die Resignation jemals im sinnvollen Ergreifen der Chancen des Zufalls, im echten Engagement überwunden wird:

Il avait attendu si longtemps [. . .] Il attendait à travers mille petits soucis quotidiens; [. . .] Mais à travers tout ça, son unique soin avait été de se garder disponible. Pour un acte. Un acte libre et réfléchi qui engagerait toute sa vie et qui serait au commencement d'une existence nouvelle [. . .].
[. . .] Il pensa: „Je n'attends plus. Elle a raison: je me suis vidé, stérilisé pour n'être plus qu'une attente. A présent, je suis vide, c'est vrai. Mais je n'attends plus rien"[71].

Das Ziel, zu dem Sartres „Wege der Freiheit" führen sollten, bleibt unerreicht; der Umstand, daß der Roman Fragment blieb, kündet von der Aporie, welche der Autor später in ehrbarem, aber blindem Aktivismus zu überholen versucht.

Für den von der Krankheit des Ekels befallenen Roquentin hatte es *eine* Gewißheit gegeben: „J'existe". Doch vor der plötzlichen Offenbarung dessen, was Existenz ist, mußte er erkennen, daß er kein Recht auf Existenz hat, daß er sie dem Zufall verdankt:

[. . .] je n'avais pas le droit d'exister. J'étais apparu par hasard, j'existais comme une pierre, une plante, un microbe[72].

---

70 A. Gide, *Romans – Récits et Soties – Œuvres lyriques*, Ed. de la Pléiade, Paris 1958, S. 389. Zur „disponibilité" bei Gide s. Henning Krauß, Die Praxis der „littérature engagée" im Werk Jean-Paul Sartres, 1938–1948, Heidelberg 1970 (Studia Romanica H. 20) S. 50 ff. Vgl. u. a.: „Nathanael, que chaque attente, en toi, ne soit même pas un désir, mais simplement disposition à l'accueil. Attends tout ce qui vient à toi . . ." (a. a. O. S. 162).

71 J.-P. Sartre, *Les chemins de la liberté, I, L'âge de raison*, Paris 1945, S. 56. Vgl. hierzu Reinhard Kuhn, *Jean-Paul Sartre: Les chemins de la liberté*, in: *Der moderne französische Roman. Interpretationen*, hrsgg. von W. Pabst, Berlin 1968, S. 202.

72 J.-P. Sartre, *La Nausée*, Paris 1938, S. 111.

daß vieles von dem, was existiert, „zu viel“ ist, überflüssig, Schutt der Natur, einschließlich seiner selbst: *moi aussi j'étais de trop*[73], daß dies das Absolute sei und deshalb identisch mit dem Absurden: „j'ai fait l'expérience de l'absolu: l'absolu ou l'absurde“[74]. Die Parallele zu Proust ist, bei aller Divergenz der Folgerungen, nicht zu übersehen. Roquentins zufällige Erleuchtung („illumination“) ist „moment extraordinaire“, „extase horrible“, in welcher das Sein sich als total kontingent, unnötig, zwecklos enthüllt:

> L'essentiel c'est la contingence. Je veux dire que, par définition, l'existence n'est pas la nécessité. Exister, c'est *être là,* simplement; les existants apparaissent, se laissent *rencontrer,* mais on ne peut jamais les *déduire.* Il y a des gens, je crois, qui ont compris ça. Seulement ils ont essayé de surmonter cette contingence en inventant un être nécessaire et cause de soi. Or aucun être nécessaire ne peut expliquer l'existence: la contingence n'est pas un faux semblant, une apparence qu'on peut dissiper; c'est l'absolu, par conséquent la gratuité parfaite. Tout est gratuit, ce jardin, cette ville et moi-même[75].

Die Gleichung Kontingenz = Zwecklosigkeit = Absolutum reduziert Notwendigkeit zur bloßen Hypothese. Die reale Übermacht kausaler Zwecke schlägt um in die „perfekte Gratuität“ der Existenz, die – zum Opfer jener Zwecke degradiert –, eher ideologisch als ideologiekritisch, als Absolutes auf sich beharren muß, um im Existenzial der Geworfenheit den Funken der Freiheit zu entzünden. Der Sprung ins soziale und politische Engagement ist weniger in der Logik dieser Philosophie als in den uneingestandenen Grenzen ihrer Anwendung begründet. Dem „berüchtigten Artisten und Ästheten Valéry“ ist, wie Th. W. Adorno mit Recht betont, „tiefere Einsicht in das gesellschaftliche Wesen von Kunst“ zugefallen „als der Doktrin ihrer unmittelbaren praktisch-politischen Nutzanwendung [. . .]; die Theorie vom engagierten Kunstwerk, wie sie heute gang und gäbe ist, setzt sich über die in der Tauschgesellschaft unabdingbar herrschende Tatsache der Entfremdung zwischen den Menschen sowohl wie zwischen dem objektiven Geist und der Gesellschaft, die er ausdrückt und richtet,

---

73 A. a. O. S. 163.
74 A. a. O. S. 164.
75 A. a. O. S. 166.

umstandslos hinweg. Sie will, daß Kunst unmittelbar zu den Menschen spreche, als ließe sich in einer Welt universaler Vermittlung das Unmittelbare unmittelbar realisieren"[76].

Zwingender und authentischer für Kunst, die um ihrer eigenen Wahrheit und Wirklichkeit, ja um des emanzipatorischen Entwurfs von Möglichem im Wirklichen willen sich Doktrinen zu entschlagen oder noch in der Affirmation selbst sie als mögliches „falsches" Bewußtsein in Frage zu stellen hat, ist Sartres in der Konsequenz seiner Philosophie liegendes Bekenntnis zur „Gratuität" des Kunstwerks:

> Cette gratuité, loin qu'elle nous afflige, c'est notre orgueil, et nous savons qu'elle est l'image de la liberté. L'œuvre d'art est gratuite parce qu'elle est fin absolue et qu'elle se propose au spectateur comme un impératif catégorique[77].

Diese „Gratuität" des Kunstwerks, die Sartre sowohl mit Proust wie mit dem „l'art pour l'art" verbindet, verliert ihre Unverbindlichkeit, indem sie sich als Akt der Freiheit ebenso begreift wie als – im Kunstwerk zu Tage tretende – Notwendigkeit. Sie verwirklicht Mögliches unter Verzicht auf die Anmaßung, bereits im Besitz allein seligmachender Wahrheit zu sein. Daß sie, sofern sie den Abfall in puren Ästhetizismus vermeidet, das individuelle Leben durch die Kunst rechtfertigt[78], spricht nicht gegen sie. Sie ist gesellschaftliche Praxis, auch wenn sie den Mund nicht voll nimmt mit gesellschaftlichem Engagement, an dem niemand und nichts den Autor hindert, es sei denn die Sorge um eine Wahrheit, die sich dem Dekretiertwerden allergisch widersetzt.

Die Destruktion falscher Hoffnungen im Namen der Dominanz schlechter Möglichkeiten in der gegenwärtigen Wirklichkeit kann angesichts erkannter Zufallsbestimmtheit der absurden Welt echte Hoffnung nicht restlos vertilgen. Wladimirs und Estragons Warten auf Godot ist passive, immer vertagte, in Wiederholung sich erschöpfende und doch – wie sich an der Veränderung im Verhält-

---

76 *Noten zur Literatur,* Frankfurt a. M. 1958, S. 183 (Bibliothek Suhrkamp 47).

77 *Situations* II, Paris 1962, S. 261.

78 Zu dieser Vorstellung vgl. Karl Kohut, *Was ist Literatur? Die Theorie der „littérature engagée" bei Jean-Paul Sartre,* Diss. Marburg 1965, S. 28 ff.

nis von Pozzo und Lucky zeigt – nicht völlig aussichtslose Hoffnung. Passivität ist nicht die einzige Weise möglichen Verhaltens. Absurdes Theater und absurder Roman sind die Antwort auf die aus der Zuversicht von Providenz und Kausalität gefallene Kontingenz. Aleatorische Kunst, Collage, surrealistisches „objet trouvé“ und Happening provozieren den Zufall, um ihn mit seinen eigenen Mitteln zu bändigen. Das Ausgefallene, Untypische drängt sich auf als das in Wahrheit Typische. Ein Sachverhalt, den man dereinst vielleicht ebenso als Moment der Erneuerung wie als Moment der Selbstvernichtung der modernen Gesellschaft wird deuten können, und sei es allein schon deshalb, weil er deren Zustand rücksichtslos selbstkritisch offenlegt. Nicht was der Weltzustand im Sinne der Kausalität *wahrscheinlich*, sondern was er *möglich* macht, ist die Signatur des Allgemeinen im Reich des Absurden. Becketts *En attendant Godot* exorzisiert sowohl die Vorstellung von Kausalität wie diejenige von Providenz. Die „Gnade des Zufalls“, bei Proust wider Erwarten doch noch eingetreten, bleibt bei Beckett aus Gewohnheit und Verzweiflung aufrechterhaltene, doch unerfüllte, und sich erst an der totalen Willkür des Zufalls rechtfertigende Hoffnung.

Das Besondere, in dem das Einzelne und das Allgemeine ästhetisch vermittelt sind, läßt sich mit dem traditionellen Begriff des Typischen nicht mehr fassen. Es liegt – und damit bestimmt auch das Allgemeine sich neu – sehr viel näher am Einzelnen als je zuvor, in einer Verschiebung der „klassischen“ Proportionen, angesichts deren die unelastische Auffassung der Kategorie Besonderheit bei deren scharfsinnigem Theoretiker, Georg Lukács, hilflos wurde vor der Moderne[79]. Vereinzelung, die, infolge fortschreitender Entfremdung, sich zunehmend des Besonderen bemächtigt und Atypisches zum Typischen weil für den Gesamtzustand Charakteristischen werden läßt, wird zur Signatur des Allgemeinen, das zusammenfällt mit Absurdität als dem allen Individuen und damit der Gesamtgesellschaft Gemeinsamen. Als übergreifende Notwendigkeit ist solche Absurdität gekennzeichnet von der Beziehung der Beziehungslosigkeit, die nur der Zufall, schicksalbestimmender denn je, aufzuheben vermag. Romane mit synchronen Ge-

---

[79] G. Lukács, *Über die Besonderheit als Kategorie der Ästhetik*, Neuwied und Berlin 1967.

schehnisabläufen (Dos Passos, Döblin, Sartre) thematisieren die Redundanz an Möglichkeiten, die der Zufall ergreifen könnte[80]. In Michel Butors „Kollektiv-Roman" *Passage de Milan* verbindet – oder auch nicht – der Zufall zufällig in einem Mietshaus räumlich einander nahegerückte Menschen. Eine Kette von Zufällen gipfelt, innerhalb von zwölf Stunden, in einem zufälligen Mord. Es scheint, als müßte hier der überkommene Bedarf an Wahrscheinlichkeitsnachweis, welcher mit der Übermacht des Kontingenten sich noch nicht ganz abgefunden hat, sich gegen die potenzierte Sinnfremdheit massiv aufgedrängten Zufalls mit der noch einmal sinnstiftenden Symbolik des kollektiven Unbewußten zur Wehr setzen[81].

Totale Determination durch ökonomische Zweckkausalität, die, partikulären Interessen innerhalb der über die Produktionsmittel verfügenden Klasse dienend, Opazität des Marktes in existentielle Unsicherheit umsetzt gegen alle Beschwichtigung, schlägt um in die Erfahrung – und Entdeckung – totaler Kontingenz. Alles Wirkliche ist durchsetzt mit Möglichem. Die Dialektik von Schicksal und Charakter, auf die zwei Jahrhunderte bürgerlicher Literatur im Vertrauen auf individuelle Autonomie bauen konnten und die die Struktur des Romans noch bis in die schmerzliche Phase der definitiven Desillusion hinein bestimmte, hat ihre Geltung verloren. Im absurden Reich der wuchernden Möglichkeiten, die sich an keine Sinnfrage kehren – es sei denn durch puren Zufall – hat der Versuch individueller Selbstbestimmung die geringste aller Chancen in einer Wirklichkeit, die dazu tendiert, Notwendigkeit, – und damit auch deren dialektisches Korrelat, die Freiheit – restlos im Möglichen aufgehen zu lassen, mit diesem ineins zu setzen. Das moderne Problem der Identität stellt sich der Kunst in aller Schärfe und – will sie ihrem Wahrheitsanspruch treu bleiben bis hinein in die Selbstentlarvung „falschen Bewußtseins" – doktrinären Lösungen abhold. Die letzten Romane Alain Robbe-Grillets treiben die akausale Situationsfolge, den vorsätzlichen Verzicht auf

---

80 Vgl. das Kapitel über Döblins *Berlin Alexanderplatz* bei Ernst Nef, *Der Zufall in der Erzählkunst*, Bern 1970, S. 97 ff.

81 S. Friedrich Wolfzettel, *Michel Butor und der Kollektivroman. Von „Passage de Milan" zu „Degrés"*, Heidelberg 1969 (*Studia Romanica* H. 17).

jede Art von Gewißheit, gar erzählerischer Omniszienz, den Perspektivenwechsel und mit ihm die Relativierung der Meinungen über Tatbestände bis zu deren Infragestellung selbst und bis zur Irrealität des Traums voran. In Robbe-Grillets erzählerischer Praxis hat Erfahrung, vermittelt durch strukturelle Eigendialektik, eine ästhetisch transformierte Konkretisation gefunden, die selbst Freunde seiner früheren Romane schockiert und die dennoch völlig konsequent ist. J. Duvignaud hat sie auf eine Formel gebracht: „C'est là une véritable découverte: tout est possible et le réel n'est point nécessaire [...] Ce qui arrive n'est qu'une des versions possibles de ce que la vie peut formuler"[82]. Alles ist möglich und vom Zufall realisierbar, und darin scheint Notwendigkeit sich zu erschöpfen.

Die Geschichte des problematischen Zufalls in der Erzählkunst sei in der Moderne vorläufig zu Ende, steht im letzten Abschnitt von Ernst Nefs Untersuchung *Der Zufall in der Erzählkunst* zu lesen[83]. Diese Behauptung will uns zutreffend und irrig zugleich erscheinen, desgleichen ihre Begründung. Beim – modernen – Verzicht auf Darstellung der Totalität, der im wie immer gestörten Vertrauen auf letztliche Sinnerfülltheit der sinnfremde Zufall zum Problem werden mußte, werde dieser bedeutungslos. Als schlüge das Ganze auch als Verlorenes nicht zurück auf die fragmentierten Erzählwelten. Der „Begriff des Zufalls" – so Nef – werde „in bezug auf die moderne Erzählkunst überhaupt fragwürdig" insofern, „als jeder Zufall die Negation eines vorgegebenen Ordnungsprinzips" und von der Anwendung dieses Ordnungsprinzips erst geschaffen sei, die moderne Erzählkunst sich seiner jedoch entschlagen habe. Diese Beobachtung ist sicher richtig, trifft aber nur die halbe Wahrheit. Das Ordnungsprinzip als Maß für den Zufall ist nicht verschwunden, nur hat die Ordnung im Bewußtsein sich in Unordnung verkehrt, in die Absurdität, in welcher der Zufall herrscht und somit nicht mehr das Andere, sondern das Konstitutive ist. Noch hat dieses nicht aufgehört, das Fremde, zumal das Sinnfremde, zu sein. Die „unselige Verschwörung von Zufall und Notwendigkeit" (Adorno) scheint sich zu vollenden in der Er-

---

82 *Alain Robbe-Grillet: La Maison de Rendez-vous*, In: *Nouvelle Revue Française* 14, 1 (1966) S. 331.

83 Ernst Nef, a. a. O. S. 116.

fahrung einer kontingenten Notwendigkeit, die Sinn überhaupt als Widersinn ausschließt, und doch läßt gerade dieser Umstand die Hoffnung aufkommen, daß sie gebannt wird, weil sie die Entdeckung des objektiven Zufalls im Reiche des Möglichen herbeiführte – in der Wissenschaft wie in der Kunst.

IV ZUFALL UND GESCHICHTE

> Je mehr man altert, desto mehr überzeugt man sich, daß Seine heilige Majestät der Zufall gut drei Viertel der Geschäfte dieses miserablen Universums besorgt.
>
> Friedrich der Große

> Obwohl der Zufall die Welt beherrscht, hat er doch den Irrthum zum Mitregenten.
>
> Arthur Schopenhauer

Dem seit Jahrhunderten auf Teleologie programmierten Menschen fällt es schwer, mit der Entdeckung des Zufalls als einer objektiven ontologischen Kategorie fertig zu werden, mit der Tatsache, daß er, wie Jacques Monod es ausdrückt, „allein ist in der gleichgültigen Unermeßlichkeit des Universums, aus dem er durch Zufall aufgetaucht ist"[1]. Monods, des Molekularbiologen und Camus-Freundes Buch mündet in den Appell, auf der wissenschaftlichen Erkenntnis vom Zusammenspiel von Zufall und Notwendigkeit jenseits alter und neuer dogmatischer Heilslehren die Ethik einer ernüchterten zukünftigen Gesellschaft aufzubauen.

„Ob es uns paßt oder nicht: es scheint eine Welt zu sein, in der Unbestimmtheit, Alternative und Zufall reale Aspekte der fundamentalen Natur der Dinge und nicht nur Folgen unseres unzulänglichen und provisorischen Verständnisses sind"[2]. W. G. Pollard, den wir zitierten, stützt sich besonders auf die Theorie der Quantenmechanik und die Heisenbergsche Unbestimmtheitsrelation. Die Relativierung der Gültigkeit der mechanischen Physik und

---

1 *Le hasard et la nécessité. Essai sur la philosophie naturelle de la biologie moderne*, Paris 1970, S. 195.

2 William G. Pollard, *Zufall und Vorsehung. Wissenschaftliche Forschung und göttliches Wirken*, München 1960, S. 48.

mit ihr des mechanischen Determinismus durch den Indeterminismus der Quantenmechanik läßt auch die Vorstellung fragwürdig, wenn nicht hinfällig werden, daß die Geschichte mit Notwendigkeit nur einem einzigen Weg folgen konnte. In Wahrheit wären völlig andere Richtungen ebenso möglich gewesen. „Gleichzeitig ist es jedoch ebenso wahr, daß [das Universum] gemäß der strengen Forderung, in seiner zeitlichen Existenz wählen zu müssen, andererseits nur eine dieser geschichtlichen Entwicklungen nehmen konnte. Jede andere blieb unbeachtet und damit für immer unbekannt und unerkennbar, verloren in der undurchdringlichen Dunkelheit jener Dinge, die möglich gewesen, aber doch nicht waren"[3]. W. G. Pollard, Nuklearphysiker, dann protestantischer Geistlicher, sieht in der Kette von Akten der Auswahl durch den Zufall das Walten der Vorsehung: „Was in dem einen Rahmen mit Zufall bezeichnet wird, kann in dem anderen widerspruchslos als Wille Gottes gelten, der richtend und erlösend wirkt"[4]. Pollards Folgerungen verheißen der Menschheit keinen nennenswerten Eigenbeitrag zur Gestaltung ihrer Zukunft: „Die Rolle des Zufalls bei den Ereignissen ist[. . .] keinesfalls abgeschlossen. Daher täuscht der Mensch sich selbst, wenn er glaubt, die Geschichte meistern zu können – nicht weil es ihm für diese Aufgabe an Klugheit und Ideen fehlt, sondern weil das Wesen der Geschichte so ist, daß es vom Menschen überhaupt nicht kontrolliert werden kann"[5]. Für letztere Behauptung spricht einiges, denkt man an vergangene Geschichte, und Skepsis für die Zukunft, zumal diejenige der Vorsehung, bleibt angebracht. Agnostizismus ist schwer durchzuhalten, und möglicherweise doch die einzige zugleich anständige, illusionslose und totalitärer Verführung widerstehende Position, die, auch wenn sie zäh das Vertrauen auf die Fähigkeit des Menschen zur Gestaltung einer menschenwürdigen Zukunft aufrechterhält, heute mehr als jede andere dem allgegenwärtigen Verdacht auf Ideologie sich zwar aussetzen muß, ihr aber am wenigsten unterliegt.

Im Osten, der historische Notwendigkeit diktiert, sogleich mundtot gemacht, und im Westen, der dazu neigt, Notwendigkeit zu ignorieren, zu wenig beachtet, hat der Physiker Robert Havemann

---

3 Pollard a. a. O. S. 64 f.
4 A. a. O. S. 98.
5 A. a. O. S. 202.

in seinem Vorlesungszyklus *Dialektik ohne Dogma?* den bedeutsamen Versuch unternommen, die Übereinstimmung der Hegelschen Thesen über die Dialektik von Zufall und Notwendigkeit mit der Theorie der Quantenmechanik und den unbestreitbaren Ergebnissen der modernen Vererbungslehre nachzuweisen[6].

In Hegels Philosophie, der einzigen, „die den Begriff des absoluten Zufalls kennt"[7], ist der nach Friedrich Engels „unerhörte" und von ihm akzeptierte Satz enthalten, „daß das Zufällige einen Grund hat, weil es zufällig ist, und ebensosehr auch keinen Grund hat, weil es zufällig ist; daß das Zufällige notwendig ist, daß die Notwendigkeit sich selbst als Zufälligkeit bestimmt, und daß andererseits diese Zufälligkeit die absolute Notwendigkeit ist"[8]. „Die Notwendigkeit", so schrieb Hegel in seiner *Logik*, „setzt sich wohl selbst die Bedingungen, aber sie setzt sie als zufällige". Der Zufall allein entscheidet, was aus dem Überschuß an Möglichkeiten, die ihrerseits mit Notwendigkeit bestimmt sind, realisiert wird. Jene Notwendigkeit ist, im Gegensatz zur bloßen Ursache, der tiefere Grund, auf den das zufällig realisierte Mögliche zurückverweist. Doch (Hegel) „was möglich ist, das ist mit Notwendigkeit bestimmt". „Das wirklich gewordene Mögliche ist nicht zufällig, sondern notwendig, weil es sich selbst seine eigenen Bedingungen setzt. Damit ist der Begriff der Zufälligkeit durch diese höheren Kategorien aufgehoben"[9]. Das Gesetzmäßige, das Notwendige, „kann nur in Form des Zufälligen in Erscheinung treten"[10]. Alles

---

6 *Dialektik ohne Dogma? Naturwissenschaft und Weltanschauung*, Reinbek 1964 (roro aktuell). Von den Ergebnissen der modernen Naturwissenschaften geht auch Arthur Koestler aus in dem soeben erschienenen Buch *Die Wurzeln des Zufalls*, Bern-München-Wien 1972. Vorwiegend an den Phänomenen interessiert, mit denen Parapsychologie zu tun hat, tangiert es unsere Fragestellung kaum.

7 Dieter Henrich, *Hegels Theorie über den Zufall*, in: ders., *Hegel im Kontext*, Frankfurt a. M. 1971 (edition suhrkamp) S. 159.

8 F. Engels, *Dialektik der Natur*, in: Karl Marx, Friedrich Engels, *Werke* (MEW) Berlin 1971, Bd. 20, S. 489. Vgl. G. Lukács: „Der Zufall hört nicht auf, Zufall zu sein, weil in ihm die Notwendigkeit zum Ausdruck kommt, und die Notwendigkeit hört nicht auf, notwendig zu sein, weil sie von einem Zufall veranlaßt wurde" (*Werke* Bd. IV: *Essays über Realismus*, Neuwied-Berlin 1971, S. 50).

9 Henrich a. a. O. S. 163.

10 Havemann a. a. O. S. 97.

Wirkliche ist zunächst mit Notwendigkeit als Mögliches bestimmt, das sowohl eintreten wie ausbleiben kann. Die „Notwendigkeit, die nicht das Wirkliche, sondern nur das Mögliche determiniert, tritt im Korpuskelbild, von Heisenberg und Bohr als das Bild des Wirklichen bezeichnet, nur in der Form des Zufälligen in Erscheinung" – im Gegensatz zum Wellenbild, dem Bild des Möglichen[11]. Dem Verhältnis zwischen Wellenbild und Korpuskelbild in der Theorie der Quantenmechanik entspricht in der Biologie das Verhältnis von Genotypus und Phänotypus. Letzterer ist jeweils ein dem Zufall unterworfener Versuch, die im Genotypus gespeicherten Möglichkeiten zu verwirklichen. In beiden naturwissenschaftlichen Disziplinen offenbart sich die „Dialektik von Möglichkeit und Wirklichkeit" als der „tiefere Grund des Zufälligen", als der „Grund dafür, daß das Gesetzmäßige, das Notwendige, nur in der Form des Zufälligen in Erscheinung treten kann"[12]. Das Zufällige ist „eine objektive Kategorie der Wirklichkeit", unabhängig von unserem Bewußtsein, und „wir müssen begreifen, daß das Mögliche ebenso unlösbarer Bestandteil der Realität ist wie das sich jeweils Verwirklichende. Möglichkeit und Wirklichkeit bilden aufgrund der Dialektik eine widerspruchsvolle Einheit. Sie ist nur begrifflich voneinander zu unterscheiden, in Wirklichkeit aber unlösbar miteinander verknüpft. Ständig entzündet sich das Wirkliche im Möglichen, und ständig geht neue Möglichkeit aus der sich entwickelnden Wirklichkeit hervor. Die ganze Realität, das ganze Sein unserer Welt, ist zugleich Möglichkeit und Wirklichkeit"[13]. Doch: „was möglich ist, das ist allerdings nicht zufällig, sondern geht mit Notwendigkeit aus der Wirklichkeit hervor. Das Mögliche ist determiniert". „Im Möglichen erscheint nicht die Ursache, sondern der Grund der Erscheinungen. Der Grund ist das Bleibende in der Erscheinungen Flucht"[14]. So verstandene Dialektik läßt, nach Havemann, auch verstehen, was Freiheit ist: auf das Mögliche einwirken, bevor es Wirklichkeit geworden ist[15]. „Ohne die Dialektik von Zufälligkeit und Not-

11 Havemann S. 91.
12 Havemann S. 99.
13 Havemann S. 97.
14 A. a. O. S. 99.
15 A. a. O. S. 97.

wendigkeit und von Möglichkeit und Wirklichkeit können wir nicht begreifen, was Freiheit wirklich ist"[16].

Wir widerstehen der Versuchung einer Futurologie, die Folgerungen aus der hier dargelegten, vom Möglichen vermittelten Dialektik von Zufall und Notwendigkeit ziehen müßte. Das Handicap aller Prognosen ist, daß sie niemals voraussehen können, welche Möglichkeiten sich im Notwendig-Wirklichen bei dessen nächstem Schritt, im Kontinuum des Diskontinuierlichen, entfalten. Marx und die Seinen hatten die proletarische Revolution im Herrschaftsbereich des Kapitalismus erwartet, nicht aber im spätfeudal-zaristischen Rußland. Sie täuschten sich über das, was im Notwendigen möglich war, weil sie realisierbares Mögliches nur im Wahrscheinlichen enthalten wähnten. Die marxistische Erwartung, daß der Kapitalismus mit seinen Krisen nicht fertig werde und sich notwendig selber zerfleische, muß immer wieder vertagt werden. Und es besteht Grund für die Annahme, daß Karl Marx – wer hätte ihn ersetzen können, hätte der berühmte Ziegelstein ihn vorzeitig hinweggerafft! – der kapitalistischen Gesellschaft zum Überleben verholfen hat[17]. Die Rückwirkung einer machtvollen Ideologie auf die Basis vermag diese grundlegend zu verändern und in ihr – unbeschadet ihres Charakters als „letzter Instanz", ja gerade deshalb – Möglichkeiten zu entbinden, die keine Dialektik jemals prognostizieren kann, weil diese Unvorhersehbarkeit des Möglichen und die Zufälligkeit seiner Verwirklichung zum Wesen der historischen Dialektik selber gehören.

16 A. a. O. S. 103.

17 Vgl. Ossip K. Flechtheim in einem Interview, Badische Zeitung 5./6. Januar 1972, S. 6:

„Nach Karl Marx muß der Kapitalismus an seinen eigenen Widersprüchen zugrundegehen, er muß zunächst in eine solche Krise geraten, daß die Proletarier ihn dann vernichten werden. Diese These ist weitgehend in das Bewußtsein der Arbeiterschaft eingedrungen: sie hat in diesem Sinne gehandelt, und das Ergebnis war und ist, daß der Kapitalismus so reformiert, so umgestaltet wurde und noch immer wird, daß er bis jetzt nicht untergegangen ist. Eduard Heimann hat schon vor Jahren darauf hingewiesen, daß ohne die Arbeiterbewegung und ihre erheblichen Kampferfolge – Achtstundentag, Sozialversicherung, Steigerung des allgemeinen Lebensniveaus usw. – der Kapitalismus wahrscheinlich an seinen eigenen Widersprüchen gescheitert wäre. So aber wurde er gerade durch die Arbeiterklasse, die ihn vernichten wollte, gerettet."

Nichts gegen die Futurologie, sofern sie der Rolle des Möglichen in der historischen Dialektik Rechnung trägt. Wir tun, wollen wir für eine als historische Disziplin verstandene Literaturwissenschaft Folgerungen aus der vom Möglichen vermittelten Dialektik von Zufall und Notwendigkeit ziehen, gut daran, gleich Marcel Proust die Offenheit der Zukunft in das vergangene Wirkliche selbst einzubeziehen. Die so spekulativ anmutende Frage: „was wäre geschehen, wenn . . .?“ ist ebenso wenig müßig oder naiv wie die Frage: „was würde geschehen, wenn . . .?“ An ihr hängt nicht nur, ob man für die Zukunft aus der Vergangenheit lernen kann, sondern auch das Begreifen von Geschichte als einem Geschehenen, das auch anders hätte verlaufen können und trotzdem nicht ohne Notwendigkeit so gekommen ist. Unklar und doch charakteristisch bringt diesen Sachverhalt zum Ausdruck die in den historischen Disziplinen so häufig anzutreffende Argumentationsformel: „Es ist kein Zufall, daß . . .“. Das Deterministische an ihr ist nur relativ; tatsächlich weist sie auf das Mögliche, das dem Notwendigen, und auf ein Notwendiges, das dem Möglichen inhärent ist.

Die überkommenen Geschichtstheorien sind neu zu durchdenken und nach ihrem ideologischen Gehalt an Teleologie, offener wie uneingestandener, kritisch zu überprüfen. Der Geschichtsbegriff des Historismus – so faßt R. Kosellek das Ergebnis einer Studie über den *Zufall als Motivationsrest in der Geschichtsschreibung*[18] zusammen – „verhinderte Motivationsreste wie den Zufall weit über ihre einstmals theologischen Begründungen hinaus. Ob damit der geschichtlichen Erkenntnis Genüge getan wird, und zwar mehr als ehedem, als noch Fortuna im Spiel war, das ist eine Frage, die heute erneut gestellt werden muß. Vielleicht könnte sich dann zeigen, daß gerade das Ausräumen jeder Zufälligkeit höhere Konsistenzansprüche stellt, und zwar gerade deshalb, weil im Horizont geschichtlicher Einmaligkeit durch die Beseitigung jeden Zufalls die Zufälligkeit verabsolutiert wird. Was im Raum der vorhistorischen Geschichtsauffassung von Fortuna geleistet wurde, das wird in der Moderne zur Ideologie, die in dem Maß manipulierbar ist, wie sie

[18] In: *Die nicht mehr schönen Künste. Grenzphänomene des Ästhetischen,* hrsgg. von H. R. Jauß (*Poetik und Hermeneutik* III), München 1968, S. 129-141.

26.5.95

sich als Gesetzlichkeit versteht"[19]. In der Tat wird, wo Beseitigung des Zufalls zusammenfällt mit Verabsolutierung des Zufalls, „der Zufall seiner Freiheit, zufällig zu sein, beraubt", und damit sein dialektisches Verhältnis zur Notwendigkeit verfehlt. Weder kann Notwendigkeit in Zufälligkeit, noch Zufälligkeit in Notwendigkeit aufgelöst werden. Ihre Einheit ist widerspruchsvoll, dialektisch und motorisch. Nur als zufällig realisiertes Mögliches gelangt das Notwendige zur Existenz, so wie das Mögliche, aus dem der Zufall frei auswählt, als Mögliches bedingt ist vom Notwendigen. Das Offene des Möglichen ist durchaus nichts Beliebiges[20]. Es ist gebunden an die konkrete, Notwendigkeit und Zufälligkeit einschließende Wirklichkeit als derjenigen eines bestimmten geschichtlichen Zustands der Gesellschaft. Die durch Zufall verwirklichte Möglichkeit tritt sogleich ein in eine durch sie neukonstituierte, d. h. veränderte Wirklichkeit, die, so bewirkt und bewirkend, ihre eigenen Möglichkeiten dem Zufall bereitstellt. Nicht das mit Sicherheit Eintretende, weil nach Naturgesetzen Errechnete und somit Wiederholbare ist das Neue, sondern allein das realisierte Mögliche, das ebenso auch ein anderes sein könnte. Das Neue ist die „Schwesterkategorie des Möglichen"[21]. Von der sozialen Gruppe oder Klasse und ihrer geschichtlichen Erwartung hängt es ab, ob dieses Neue gefürchtet und im Falle der Herrschaft mit Repression und Zensur bedacht wird oder herbeigesehnt[22].

Was aus der vom Notwendigen im Wirklichen in Zahl und Art begrenzten Vielfalt an Möglichkeiten verwirklicht wird, ist vom Zufall bedingt. Unweigerlich stellt sich damit die Frage nach der Rolle des hervorragenden, des großen, oder des „privilegierten" Individuums, das man einst weniger verschämt Genie genannt hat. Sie verbindet sich mit der Frage, wie es mit der Freiheit dieses – im Guten wie im Bösen – schöpferischen oder auch zerstörerischen Individuums bestellt ist.

In seinem Buch *Das Erklären von Kunstwerken*[23] erörtert der Kunsthistoriker Heinrich Wölfflin die Verschiedenheit der Seh-

---

19 A. a. O. S. 141.
20 Vgl. E. Bloch, *Das Prinzip Hoffnung*, S. 244.
21 E. Bloch, a. a. O. S. 263.
22 Vgl. auch oben unsere Bemerkungen zu Diderots *Jacques le Fataliste et son Maitre.*
23 Leipzig 1921.

weisen der bildenden Kunst und ihre epochale Gebundenheit an geschichtliche Bedingungen. Er fährt fort: „Wenn es aber eine solche „Logik" in der optischen Entwicklung gibt, so bedeutet das jedenfalls keine Entwertung des Individuums. Die Möglichkeiten, die in der Luft liegen, machen noch nicht das Werk und es bedarf immer der *großen* Persönlichkeit, um sie in einem *großen* Sinn zu realisieren"[24]. Man wird an Hegels Wort erinnert, daß es die Individuen seien, die dem Weltgeist die Kastanien aus dem Feuer holen. Doch der Weltgeist ist inzwischen „auf seine Füße gestellt". Das zeigt sich etwa an der Formulierung des russischen Formalisten Eichenbaum: „Die Freiheit der Individualität zeigt sich nicht in der Loslösung von den geschichtlichen Gesetzen, sondern in der Fähigkeit, sie zu verwirklichen"[25]. Wir sind veranlaßt, es anders zu fassen: das hervorragende, schöpferische Individuum ist – in seinem jeweiligen Bereich – die Summe von Möglichkeiten seiner Zeit. Sie zu realisieren ist seine Freiheit, gebunden an den Zufall, der durch es jene Möglichkeiten realisiert. Sein Vorhandensein, seine Geburt, seine Begabung, die Chance von deren Entfaltung sind Zufälle, die ebenso auch hätten ausbleiben können, und – so darf man annehmen – auch oft ausgeblieben sind. Alfred de Mussets „Je suis venu trop tard dans un monde trop vieux" bezeichnet nicht nur ein Generationserlebnis, sondern auch den Zufall des Unzeitgemäßen, der nicht angetroffenen Möglichkeiten, die, wären sie vorhanden, die schöpferischen Impulse des Individuums entfaltet hätten.

Die deterministische Vorstellung, daß, wäre ein bedeutender Träger geschichtlich notwendiger Prozesse durch einen Zufall vor Ausführung der ihm „bestimmten" Aufgabe verblichen, ein anderer vollwertig an seine Stelle getreten wäre, unterscheidet sich kaum von jener providentiell-teleologischen, daß dem Genie soviel an Alter gewährt wurde, als es brauchte für sein Werk, oder von jener infam rührenden, die besagt, daß Gott den Vielverheißenden früh heimholt, weil er ihn liebt. Für Plechanow war es ausgemacht, daß, hätte dem jungen Napoleon bei Arcole eine Kugel das Lebenslicht ausgeblasen, ein anderer ehrgeiziger „Degen"

---

24 A. a. O. S. 16.

25 Zitiert nach Werner Krauss, *Grundprobleme der Literaturwissenschaft*, Reinbek 1968 (rde) S. 89.

die Geschichte Frankreichs mit nur unwesentlichen Verzögerungen in die gleiche vorgezeichnete Richtung gelenkt hätte[26], ausgemacht auch, daß die „gesellschaftliche Organisation Frankreichs" vor der Revolution „so beschaffen war", daß das Schicksal Frankreichs nur „in den Händen eines Menschen liegen konnte, dem jede Fähigkeit und jede Lust zum Dienst an der Gesellschaft abging"[27].

Daß Ludwig XV. und Ludwig XVI. dazu verdammt gewesen sein sollen, persönliche Schwächlinge zu sein, bloß weil die „gesellschaftliche Organisation Frankreichs" es so verlangte, ist ein Gedanke, welcher der Heilsgeschichte und dem Vorsehungsglauben nur andere Vorzeichen gibt. Wir wollen damit nicht behaupten, daß ein Monarch mit den Fähigkeiten eines Ludwigs XIV. oder eines Friedrichs des Großen die Geschichte um die französische Revolution betrogen hätte. Die Vorstellung indessen, daß Ludwig XV., hätte er im 17 Jh. regiert, ein Ludwig XIV. geworden wäre aus dem Zwang der historischen Verhältnisse, ist so absurd wie diejenige, daß der Sonnenkönig ein solcher Mensch sein mußte, wie er einer war, bloß um den Absolutismus auf den historisch „notwendigen" Gipfel zu bringen. So gefügig ist der Zufall nicht, und keine Epoche so arm an Möglichkeiten.

Einzuräumen ist, daß geschichtlich bedeutsame Zufälle oft, vielleicht meist, notwendige Prozesse nur beschleunigen oder verzögern[28]. Dies gilt sicher für den Bereich der wissenschaftlichen Entdeckungen, wahrscheinlich für den zufälligen Ausgang von sogenannten Entscheidungsschlachten. Andere Fälle sind schwieriger zu beurteilen. Für die beiden schwedischen Könige (Gustav Adolph und Karl XII.), die binnen weniger Jahre von Kugeln getötet wurden, gab es keinen „Ersatz". Hätte Napoleon einen gefunden, wenn die Kugel, die ihn bei Regensburg nur streifte, ihn hinweggerafft hätte? Wäre die Revolution von 1848 wirklich ausgebrochen ohne jene zufällig ausgelöste Schießerei auf dem Boulevard des Capucines am Abend des 23. Februar? Preußen wäre verlorengewesen, der Tod der Zarin Elisabeth hat es gerettet. Jener

---

26 G. W. Plechanow, *Über die Rolle der Persönlichkeit in der Geschichte*, Berlin 1945, S. 32 ff.

27 A. a. O. S. 28.

28 Wir entnehmen einen Teil der folgenden Beispiele einer Studie von G.-H. Bousquet, *Le Hasard. Son rôle dans l'histoire des sociétés.* In: *Annales*, 22e année, 1967, S. 419-428.

Zufall, der die eine – gar unwahrscheinliche – Möglichkeit verwirklicht, scheidet die andere, wahrscheinlichere, aus. Da Geschichte einmalig ist, wird niemals zu verifizieren sein, welche Folgen die nicht zufällig verhinderte, bis zur Gewißheit wahrscheinliche Möglichkeit „notwendigerweise" gezeitigt hätte. Niemand wird jemals berechnen können, was der Zufall mißlungener oder auch gelungener Attentate an Möglichem ausschaltete. Zumindest würde die Landkarte anders aussehen.

Der Zufall ist absolut wertindifferent, keine höhere Einsicht waltet über ihm, auch keine „List der Vernunft". Wer der Versuchung des Sprungs in die Vorsehung oder der deterministischen Verabsolutierung des Notwendigen widersteht, sieht sich mit der Frage konfrontiert, welche Gestalt das Abendland angenommen hätte, wäre Jesus nicht – was möglich, aber unwahrscheinlich war – dem bethlehemitischen Kindermord entgangen[29], aber auch mit derjenigen (man verzeihe mir die Nennung in einem Atem), wie die jüngste Geschichte verlaufen wäre, hätte Hitler schon das erste auf ihn verübte Attentat nicht überlebt. War Trotzki nicht ebenso eine Möglichkeit wie Stalin?[30] Die Ideologie des „Männer machen Geschichte" steht nicht mehr hoch im Kurs (es sei denn im „Personenkult"), was nichts daran ändert, daß der Gedanke, Karl Marx wäre als Knäblein vom Zufall einer Krankheit, eines Unglücksfalles hinweggerafft, oder infolge verfrühten Todes seines Erzeugers gar nicht erst geboren worden, jedem Marxisten Schauder einjagen müßte. Wieviele potentielle Väter großer Täternaturen und genialer Individuen wurden vom Zufall daran gehin-

---

29 Vgl. Friedrich Schlegel in den *Philosophischen Fragmenten* 1797: „Sind die Fragen: „Wenn Caesar, wenn Christus nicht waren, würden Römische Despoten und Christen gewesen seyn? Wie wenn nun Alexander gegen Rom gekriegt hätte?" – etwa *historisch transcendent?* Desgleichen wenn was in der Historie *zufällig* erscheint, von transcendenten Gesichtspunkten aber, wie alles, *nothwendig*, in dem letzten zu betrachten." – (Kritische Friedrich-Schlegel-Ausgabe hersgg. von E. Behler, Band XVIII, Zürich 1963, S. 28.)

30 Vgl. Havemann a. a. O. S. 110: „Die Entwicklung in der Stalinschen Epoche entsprang zwar historischer Notwendigkeit, aber nur als eine tragische Möglichkeit der historischen Entwicklung, zwar als eine in der historischen Entwicklung enthaltene gesetzmäßige Möglichkeit, eine mit Gesetzmäßigkeit sich ergebende Möglichkeit. Aber trotzdem hätte es auch anders sein können."

dert, ihren Teil für die Realisierung geschichtlicher Möglichkeiten beizutragen, während anderen Fortuna hold war? G. H. Bousquet, dem Historiker und Islamisten, den der Zufall zutiefst beunruhigt, gilt wenigstens *eines* als sicher: die Summe aller jener Bedingungen, die für die auch die ökonomische, politische wie geistige Herausbildung des Abendlandes entscheidende Expansion der arabisch-islamischen Welt vorausgesetzt werden müssen, wäre nichtig ohne den Zufall von Zeugung und Geburt Mohammeds[31].

Die „Einheit der Möglichkeit und Wirklichkeit" – so schreibt Hegel in der *Logik* – „ist die *Zufälligkeit.* Das Zufällige ist ein Wirkliches, das zugleich nur als Mögliches bestimmt, dessen Anderes oder Gegenteil ebensosehr ist [. . .]. Was möglich ist [. . .] hat nur soviel Wert als die zufällige Wirklichkeit; es ist selbst ein Zufälliges"[32]. Läßt sich die Rolle des hervorragenden Individuums nur als vom Zufall bereitete Realisierung von Möglichkeiten innerhalb einer Notwendigkeit begreifen, die bei Verwirklichung der *einen* Möglichkeit sein „Anderes" oder „Gegenteil" ausschließt, so ist zu folgern, daß ihr ebenso mögliches Ausbleiben wesentliche Chancen des Wirklichen dem Abfalleimer der Geschichte anheimgibt – unwiederholbar im ursprünglichen wie im metaphorischen Sinne des Worts.

Falsch wäre es, die zufällige Verwirklichung des Möglichen allein dem großen Individuum anzulasten. Die abschließende Redaktion dieses Buches fällt in die Wochen, die der Entscheidung über die Ratifizierung der Ostverträge in der Bundesrepublik Deutschland vorausgehen. Eine Regierungskoalition, die Mögliches nur in Angriff nehmen konnte, weil eine mehr oder weniger zufällige Konstellation (die zufällige Koinzidenz des Wahltermins mit aktuellen Ermüdungserscheinungen der bisher führenden Partei) ihr eine knappe, vom Zufall permanent bedrohte Mehrheit

---

31 „Mais tout cela n'aurait eu aucune influence s'il n'y avait pas eu au départ la naissance de Moh'ammed. En d'autres termes, l'histoire universelle ‚politique, religieuse, esthétique, impensable sans l'existence de l'Islam, eût été différente s'il ne s'était pas produit dans l'utérus d'Amina, épouse de ‚Abdallah ben el-Mot't' alib, la fécondation d'un ovule avec tous ses phénomènes étranges à une échelle microscopique, où sont impliqués des gènes, des chromosomes, des acides, déoxyribonucleique et autres" (A. a. O. S. 428).

32 G. W. F. Hegel, *Wissenschaft der Logik II,* Theorie Werkausgabe Bd. 6, Frankfurt a. M. 1969, S. 205.

schenkte, muß auf eine hauchdünne Mehrheit vertrauen, die ein Zufall jederzeit in eine ebenso hauchdünne Minderheit verwandeln kann[33]. Die Erbitterung, mit der um das Mögliche gerungen wird, verrät – was auch jedem Denkenden unheimlich bewußt ist – wie sehr die Entscheidung über eine Schicksalsfrage der Nation einer momentanen Zufallskonstellation überantwortet werden muß. Was „notwendig" ist, darüber hat jede der beiden Parteien (wir vereinfachen) eine andere, konträre Vorstellung. Beide wissen, daß das eine wie das andere möglich ist, und daß mit der Entscheidung die Weichen für neue Notwendigkeit im Wirklichen gestellt werden. Die Möglichkeiten aber, die jene neue Notwendigkeit enthält, kann nicht die Wiederholung der alten bringen, die Chance des nicht realisierten Möglichen ist unwiederbringlich vertan.

Notwendigkeit, von wem und wie immer absolut genommen, impliziert den Zufall als objektive Kategorie. Mit den Worten Hegels: „Die absolute Notwendigkeit ... ist das *absolute Umkehren* ihrer Wirklichkeit in ihre Möglichkeit und ihrer Möglichkeit in ihre Wirklichkeit. – Die absolute Notwendigkeit ist daher *blind*"[34] – blind, weil sie als „*nur*-Möglichkeit" sich durch Zufälligkeit bestimmt und diese *ist*[35]. Die „Einheit" aber der im und vom Möglichen vermittelten „Notwendigkeit und Zufälligkeit", die dialektische Einheit des Widersprüchlichen, ist die „absolute Wirklichkeit", die jeweilige geschichtliche Totalität. Notwendigkeit als von den Möglichkeiten, die sie enthält und die von ihr determiniert sind, bestimmte, bliebe unentschieden ohne die Zufälligkeit.

Hegels Wort „*Was wirklich ist, ist möglich*"[36] besagt nichts anderes als daß, was im Wirklichen jeweils an Möglichem enthalten ist, realisiert werden *kann,* aber nicht *muß,* und daß Wirklichkeit sich dadurch definiert, auch das im nächsten Schritt vermittels zufällig realisierter Möglichkeit gesetzte Wirkliche mit seinen von der ihm innewohnenden Notwendigkeit begrenzten Möglichkeiten.

---

33 Es ist bedrückend zu sehen, wie der wertblinde Zufall sich – in Gestalt des Schwankens einzelner Abgeordneter – auch an das „kleine" Individuum halten kann.

34 Hegel, a. a. O. S. 2-5.

35 Hegel a. a. O. S. 216: „Aber diese *Zufälligkeit* ist vielmehr die absolute Notwendigkeit."

36 A. a. O. S. 202.

Im Prozeß Schritt für Schritt produziert die Wirklichkeit ein Kontinuum an Notwendigkeit, das nur als ein Diskontinuierliches, weil Zufalls-unterworfenes verstanden werden kann. Reale Möglichkeit relativiert Notwendigkeit, gestaltet sie, kraft der Interferenzen zufällig realisierter Möglichkeiten, in jedem Augenblick neu. Die Konsequenz ist unabweisbar, wir ziehen sie mit R. Havemann: „Die Zukunft bleibt durch die Vergangenheit mitbestimmt, aber sie ist nicht endgültig und absolut determiniert. [. . .] Gäbe es die Blindheit des Zufalls nicht, wir könnten mit unseren sehenden Augen die Welt nicht verändern. Die Freiheit des Menschen beruht gerade darauf, daß die Zukunft der Welt bestimmt werden kann, weil sie es noch nicht ist"[37].

Havemanns Optimismus könnte sich auf Goethe berufen, der in seinen Maximen und Reflexionen schrieb:

> „Die vernünftige Welt ist als ein großes unsterbliches Individuum zu betrachten, das unaufhaltsam das Notwendige bewirkt und dadurch sich sogar über das Zufällige zum Herrn macht"[38].

Ob der Mensch sich das Zufällige zum Herrn macht im Sinne einer „vernünftigen" Notwendigkeit, kann von niemandem verbürgt werden. Die Resultate vergangener Versuche sind nicht nur ermutigend. Doch in der Wirklichkeit unserer Zeit ist, wie sehr auch manche Leute uns das Gegenteil einreden wollen, ungleich mehr an Möglichkeiten gespeichert als je zuvor. Buridans Esel steht heute nicht nur vor zwei, sondern vor einer Mehrzahl von gleich weit entfernten, gleich großen und gleich leckeren Heuhaufen. Mehr denn je scheint seine Entscheidung dem Zufall überlassen, sofern er nicht vorzieht, in Unentschiedenheit zu verhungern. Wer sich daran macht, dem Zufall nachzuhelfen, in dem er auf die Möglichkeiten Einfluß nimmt, sollte eher von kritischer – auch selbstkritischer – Rationalität beflügelt sein als von dogmatisierter Gläubigkeit, denn das Mögliche kann, einmal verwirklicht, sich allemal auch als das schlechteste im Notwendigen entpuppen.

Ist das Verhältnis von Notwendigkeit und Möglichkeit als dialektische Einheit im Wirklichen begriffen, so möchte sich die para-

---

37 Havemann, *Dialektik ohne Dogma?*, S. 93.
38 *Goethes Werke*, Hamburger Ausgabe Bd. XII, Hamburg 1953, S. 366.

doxale Feststellung aufdrängen, daß eher das Mögliche des Menschen Schicksal sei als das Notwendige. Damit wäre ein Sachverhalt bezeichnet, den im Leben wie in der Literatur viele Individuen meistern und von dem doch zu sagen ist, daß der geschichtliche Mensch von der Macht, die ihm dadurch über sein Schicksal eingeräumt ist, nur erst spärlich Gebrauch macht. Jeweils Wirkliches ist oft nur ein erbärmlicher Extrakt von dem, was zuvor möglich war. Der Zufall gibt, gerade auch in seinem „Anders-Sein-Können", den Blick frei für das, was in einem bestimmten geschichtlichen Augenblick als Chance enthalten war. So blind er waltet und wertindifferent, so wenig ist ihm eine Allmacht zuzuschreiben, die ihm gestattete, menschliche Einwirkung auf sein Reich, das Reich des Möglichen, schlechthin zu verhindern. Vom Gebrauch der Vernunft hängt es ab, ob und wie der Intervention des Zufalls Grenzen gesetzt werden, die seine schlechte Seite reduzieren ohne den Spielraum der Freiheit zu vertilgen.

Doch wie immer es mit zielgerichtetem menschlichem Einwirken auf die von Notwendigkeit determinierten Möglichkeiten bestellt sein mag: der Zufall entscheidet über deren Verwirklichung oder auch über das Maß solcher Verwirklichung. Um der Klarheit willen empfiehlt es sich, zu schematisieren. Neben dem Möglichen, das der Zufall aus seiner Latenz erlöst, steht solches, das eben dadurch, als sein Gegenteiliges, nichtig wird. Neben dem Möglichen, das optimal, steht ein anderes, das mittelmäßig, unzulänglich, schlecht oder überhaupt nicht verwirklicht wird. Zum Möglichen im Wirklichen gehört auch der Irrtum über das, was möglich oder gar notwendig ist. Das realisierte Mögliche ist das Neue, das sogleich zu den konstitutiven Momenten der durch es veränderten Notwendigkeit wird und innerhalb dieser neue Möglichkeiten gebiert, so bewirkend wie bewirkt. Folgenlos bleibt es, wenn der Zufall ihm die Wirkung versagt. Niemals werden alle Möglichkeiten realisiert, jedoch hat ihr Überschuß je nach Epoche sehr verschiedene Größenordnungen. Das unwahrscheinliche Mögliche hat seine Chance, wenngleich seltener, ebenso und unter Umständen eher als das wahrscheinliche Mögliche. Es kann sich darbieten als optimale Summe, die den Anschein erweckt, als sei sie aller Voraussetzungen, aller Notwendigkeit schon immer ledig gewesen. In Wahrheit läßt sie sie nur hinter sich, indem sie sie vergessen macht kraft einer Vollkommenheit in der Manifestation des Notwendigen, die dadurch nichts an ihrer

Würde und an dieser Einzigartigkeit verliert, daß sie dem Zufall zu verdanken ist und doch zugleich ganz und gar den – dank diesem Zufall – restlos ausgeschöpften Möglichkeiten einer bestimmten geschichtlichen Situation. Bei weitem nicht alles, womit eine Zeit schwanger geht, entbindet der Zufall für die Zukunft. Es liegt für alle historischen Wissenschaften nahe, nach den Bedingungen zu fragen, unter denen er „arbeitet“, genauer: unter denen zu arbeiten ihm vergönnt ist.

Unsere – zugegebenermaßen laienhaft-inkompetente – Exkursion in die Naturwissenschaften führte uns zu der Überzeugung, daß die Welt der Menschen und die Welt der Natur sich nicht mehr so schroff gegenüber stehen wie noch vor kurzem als Welt der Kontingenz und als Welt der Kausalität: die Entdeckung des Zufalls als einer objektiven Kategorie bestätigt naturwissenschaftlich-positiv, was Geisteswissenschaft von sich aus schwerlich zu einem Gesetz geschichtlicher Prozesse hätte erheben können, obwohl Kunst und Literatur der letzten Jahrzehnte diese Entdekkung auf ihre Weise mitvollzogen (und wohl auch mitbewirkten). Gleichwohl ist die Geschichte der Natur nicht identisch mit der Geschichte der Menschen. Denn letztere ist nicht nur die Geschichte eines denkenden und planenden Wesens, seine Geschichte ist auch, mit Balzac zu sprechen, im Gegensatz zu derjenigen der „espèces zoologiques“: „la Nature plus la Société“ (*Avant-propos* zur *Comédie humaine*). Anders als in der Geschichte der Natur ist in der Geschichte der menschlichen Gesellschaft der Zufall von permanenter Virulenz. Als alltägliche Erfahrung wird er zur allgemeinen Lebensweisheit neutralisiert, damit das Leben bestanden werden kann. Gängige Literatur wird zur Lebenshilfe, indem sie ihn – anders als etwa *Madame Bovary* – imitiert, ohne ihn zu problematisieren. Als die allgemeine Geschichte mitorientierendes Ereignis muß er erstrangiger Gegenstand jeder Reflexion über Historik werden. Auch wer das marxistische Axiom einer „letztinstanzlichen“ Dynamik des Widerspruchs zwischen Produktivkräften und Produktionsverhältnissen vertritt, wird, nimmt er die Rolle des Menschen ernst, an der Bedeutung des Zufalls und der von ihm über das Mögliche erfolgenden Rückwirkungen auf die Basis nicht vorbeigehen dürfen. Unsere eingangs von Worringers Erfahrung vom Zufall als „Medium von Zeitnotwendigkeiten“ ausgehende Frage, ob es am Zufall liegt, ob, was „zeitnotwendig“ ist, auch verwirklicht wird, muß bejaht werden. Der Sinn einer Zeit, geborgen im Notwendigen, kann verfehlt werden im Verfehlen des Möglichen. Die unabdingbare Einführung des Zufalls in die historische Dialektik bedeutet keine Einschränkung von deren Geltungsanspruch, noch gar ihre Liquidation, sie macht vielmehr aus der historischen Dialektik in Wahrheit erst eine solche der Geschichte des Menschen. Gesellschaftliche „Praxis“ wäre undenkbar ohne das Aktionsfeld des Möglichen, das selber nicht wäre, gäbe es nicht die Zufälligkeit, ohne welche Notwendigkeit in „unmenschlichem“ Stillstand vom Uranfang bis heute dieselbe wäre.

V LITERATURWISSENSCHAFTLICHE FOLGERUNGEN

Ach, Wilhelmine, wir dünken uns frei und der Zufall führt uns allgewaltig an tausend feingesponnenen Fäden fort.
Heinrich von Kleist

Auch das Zufälligste ist nur ein auf entfernterem Wege herangekommenes Notwendiges.
Arthur Schopenhauer

Der Zufall ist hier ein gebildeter Mann.
Friedrich Schlegel
über den „Wilhelm Meister"

Es liegt auf der Hand, daß sich aus der am Prozeß der allgemeinen Geschichte wahrnehmbaren Dialektik von Zufall und Notwendigkeit Folgerungen für die Literaturwissenschaft ergeben, die mit der Bestimmung der Rolle des Zufalls im einzelnen Werk noch nicht abgegolten sind. Wenn wir die Einsicht in diese Dialektik auf die Geschichte der Literatur übertragen, so nicht nur in der Erwartung einer Erweiterung der historischen Hermeneutik um die Dimension ihres sie nicht bloß begleitenden, sondern bedingenden gesellschaftsgeschichtlichen Kontextes, sondern in der Überzeugung, damit auch ihre Sonderstellung der Mißlichkeit entheben zu können, daß sie eher bloß behauptet als bewiesen wird. Die Erkenntnis ihrer Verflechtung in die Dialektik des Möglichen und des Notwendigen vermag den Sonderstatus der Literatur gerade darin zu begründen, daß diese von vornherein auch von jenem Möglichen im Wirklichen ausgeht, das noch nicht oder überhaupt nicht realisiert ist und somit „gefangene", unentfaltete Notwendigkeit darstellt.

Die der Dichtung eigentümliche Fiktionalität ist erfundene Wahrheit und darum nichts weniger als Lüge. Souverän faßt sie zerstreutes Mögliches zusammen, wählt aus, konzentriert es im selbstgewählten Zufall, realisiert in der Fiktion Möglichkeiten, die in der Wirklichkeit nicht aktualisiert werden, und die doch wesentliche Elemente dieser Wirklichkeit und der ihr innewohnenden Notwendigkeit sind.

Die vielberufene „Seinsweise" der Dichtung hat eben darin ihren scheinbar geheimnisvollen Grund, daß sie, obgleich und weil selbst der historischen Dialektik unterworfen, im Möglichen angesiedelt ist. Sie genießt das allein ihr zustehende – und für sie als eine Disziplin der Kunst konstitutive – Recht, vom empirisch realisierten Möglichen ganz oder teilweise zu abstrahieren und an seine Stelle das gar nicht oder unzulänglich realisierte Mögliche zu setzen als zwar nur fiktiv zur Existenz gelangte, jedoch im Wirklichen enthaltene Notwendigkeit.

Das Mögliche ist konditioniert durch die dem Wirklichen immanente, aber noch unentschiedene Notwendigkeit. Indem Literatur Mögliches, das nicht aus seiner Potentialität in Aktualität überführt wird, fiktiv realisiert, ist sie „wahr" und „unwahr", mächtig und ohnmächtig zugleich. Ihre in der Fiktionalität des von ihr realisierten Möglichen beschlossene Negativität im Verhältnis zum Wirklichen kann zu deren affirmativer Verklärung führen, indem sie das noch nicht verwirklichte Mögliche als ein Kommendes verheißt und dabei ignoriert, daß historisch Mögliches so unwiederholbar ist wie seine Bedingungen, aber auch – und hier liegt fraglos ein Qualitätskriterium vor – zur Kritik an, ja zum Protest gegen eine Welt, die vor ihren Möglichkeiten versagt. In *beiden* Fällen ist Literatur gesellschaftliche Praxis.

Die Bestimmung des Wirklichen als der Einheit von Notwendigkeit und Zufälligkeit im Möglichen zwingt zu einer Neubesinnung über die Beziehung zwischen Kunst und Wirklichkeit, und zwangsläufig auch über das, was „Realismus" ist. Da, was möglich ist innerhalb einer bestimmten (d. h. geschichtlichen) Wirklichkeit, determiniert ist von der dieser Wirklichkeit inhärenten Notwendigkeit, wäre „realistisch" eine Literatur, die sich an so definierte Wirklichkeit hält, sich von ihr aber – kraft der Kunst eigentümlichen und nicht bloß „widerspiegelnden" Mimesis – dadurch unterscheidet, daß sie auch über die in der empirischen Wirklichkeit *nicht* realisierten Möglichkeiten dieser Wirklichkeit in jener relativen Freiheit verfügt, welche die Wirklichkeit dem Zufall einräumt. Ein zum Naturalismus verengter und verfälschter Realismusbegriff läßt sich dann dadurch definieren, daß er die Möglichkeit ihres Anders-Sein-Könnens, die Notwendigkeit der Zufälligkeit ihres sich Durch-Setzens beraubt. Emile Zolas Theorie des Experimentalromans unterwirft sich in gutgläubigem Szientismus einem naturwissenschaftlichen Kausaldeterminismus, der, auf dem Höhepunkt seiner Entwicklung angelangt, noch die Illusion nähren konnte, auch die Geschichte folge logisch dem Prinzip, daß jede Ursache ihre bestimmte, einzige und voraussehbare Wirkung zeitige und zeitigen müsse.

Neben dem allgemeinen Realismusbegriff, den wir aus dem Verhältnis der Kunst zur Wirklichkeit als einem Speicher von Möglichkeiten ableiten und der somit zu generell ist, um auf eine bestimmte Phase der geschichtlichen Entwicklung festgelegt zu werden, kennt die Literaturgeschichte einen engeren, epochenspezifischen, der am zutreffendsten wohl als kritisch-pessimistischer Realismus zu bezeichnen ist. „Kritisch-pessimistisch" deshalb, weil er am Zeitalter nur notiert, was an schlechten Möglichkeiten verwirklicht wird. Schlechte Notwendigkeit macht, von Stendhal bis Flaubert, sogar den Zufall so botmäßig, daß er zum Kronzeugen einer miserablen geschichtlichen Wirklichkeit wird. Gerade darin, daß sie dem Zufall so großen Spielraum verstatten, sind Stendhal, Balzac, Flaubert Realisten. Angesichts finsterer Determination verflüchtigt sich Hoffnung zu dem, was nur noch als verhindertes Mögliches zur Darstellung gebracht werden kann. Anders-Sein-Können gerät Emma Bovary zur tödlichen Illusion. Das Werk Kafkas, wie dasjenige Becketts, zeigt die Welt so, wie sie aussehen würde, erfüllte sich die immerhin vorhandene Möglichkeit, daß sie so weitergeht, wie sie ist, und ihre anderen Möglichkeiten nicht entbindet.

Hoffnung wagt sich literarisch indessen kaum mehr ans Licht, muß sie doch riskieren, sogleich als verschleierte Dienstleistung für entfremdete Herrschaft denunziert zu werden. Nicht zufällig ist selbst der Surrealismus davon betroffen. Unter dem Eindruck der Ohnmacht gegenüber dem Prozeß der Geschichte ruft er das Quasi-Unmögliche auf gegen das schlechte Wahrscheinliche, antwortet auf die Nichtverfügbarkeit der gesellschaftlichen Welt durch das menschliche Subjekt mit der Forderung nach dessen Disponibilität für das ganz und gar unwahrscheinliche Mögliche, in desperater Rebellion gegen fast gewisse schlechte Wahrscheinlichkeit im

Wirklichen. Daß er gezwungen ist, der Manipulierbarkeit des Menschen mit der Manipulierbarkeit des poetischen Bewußtseins zu begegnen, macht ihn selber suspekt. Doch auch für den Rationalisten Paul Valéry liegt die Chance darin, daß der Zufall sich ebenso an das unwahrscheinliche als an das wahrscheinliche Mögliche hält.

Das Mögliche ist wirklich, das Wirkliche ist möglich. Würde Literatur – auch „realistische" – die Wirklichkeit nicht als im Möglichen noch unentschiedene Notwendigkeit erfassen, was unabdingbar zu ihr gehört, will sie Kunst sein, so wäre ihr auch Antizipation verschlossen. „Der Erwartungshorizont der Literatur zeichnet sich vor dem Erwartungshorizont der geschichtlichen Lebenspraxis dadurch aus, daß er nicht allein gemachte Erfahrungen aufbewahrt, sondern auch unverwirklichte Möglichkeiten antizipiert, den begrenzten Spielraum des gesellschaftlichen Verhaltens auf neue Wünsche, Ansprüche und Ziele erweitert und damit Wege zukünftiger Erfahrung eröffnet"[1]. Anders als H. R. Jauß, den wir zitierten, stellt sich uns der erfüllte, enttäuschte oder überbotene Erwartungshorizont nicht lediglich oder primär als derjenige eines Lesers dar, bei dem bloß eine „allgemeine Lebenserfahrung" zur Lesererfahrung hinzuträte, sondern als derjenige eines jeweils geschichtlich und soziologisch auszumachenden und in seiner gleichzeitigen Heterogenität zu differenzierenden Publikums dar. Hier zuerst, und nicht allein in den individuellen Varianten einer sonst einheitlichen Erwartung, die sich fast ausschließlich an der „literarischen Reihe" orientiert, ist zu fassen, was möglich ist und was antizipiert werden kann. Antizipation aber ist nicht bedingt vom literarisch hergestellten „Erwartungshorizont", sondern von den der Notwendigkeit einer bestimmten Gesamtwirklichkeit innewohnenden Möglichkeiten gesellschaftlicher Natur. Antizipation ist ein Phänomen, das seine Erklärung nicht in einer rezeptionsästhetischen, vielmehr in einer produktionsästhetischen Theorie findet, in welche, mit den entsprechenden Konsequenzen, Rezeptionsästhetik zwangsläufig in dem Augenblick überführt werden muß, da sie sich vom späteren Rezipienten weg dem zeitgenössischen Leser zuwendet, der nicht nur Empfänger, sondern, als

---

1 H. R. Jauß, *Literaturgeschichte als Provokation der Literaturwissenschaft,* Konstanz 1967, S. 66.

Mitglied der gleichen Gesellschaft, der auch der Autor angehört, zugleich Sender ist, worin eben der Autor für ihn eintritt[2].

Der zeitgenössische Erwartungshorizont unterscheidet sich darin grundlegend von allen späteren, daß seine Voraussetzungen nicht bloß für die Rezeption des Werks, sondern für seine Entstehung bestimmend sind. So aussichtslos es wäre, die Entwicklung der Kunst aus ständiger und direkter Einwirkung der Basis erklären zu wollen, so falsch wäre es auch, ihre relative Selbständigkeit in eine absolute umzudeuten, da diese relative Selbständigkeit der literarischen Evolution immer wieder von der gesellschaftsgeschichtlichen eingeholt und neuorientiert wird. Doch nicht davon soll hier und jetzt die Rede sein, sondern von der Offenheit des Zukünftigen, die in der Möglichkeit im Wirklichen gründet. Nur durch sie ist Antizipation formal, aber unabdingbar, gewährleistet, während ihre inhaltliche Bestimmung im Notwendigen wurzelt, aber doch wiederum nur zufällig zum Tragen kommt. Tritt sie in Erscheinung, dann als Herausforderung, indem sie noch unverwirklichtes Mögliches mit schlecht verwirklichtem konfrontiert.

Antizipation ist virtuell emanzipatorisch[3]. Sie ist es auch in dem Fall, da sie vorwegnimmt, was dann durch zufällige Neukonstellierung des Möglichen im Wirklichen doch nicht realisiert wird. Indem sie – „realistisch“ – in die Darstellung des So-Seins das ebenso mögliche bessere Anders-Sein einführt, und sei es auch nur in Gestalt von dessen quälend sich aufdrängender Absenz, beschwört sie das Ideal gegen die Wirklichkeit. Als Entwurf von

---

2 Unsere Einwände gegen Jauß' Rezeptionstheorie, in der wir einen sehr bedeutenden Beitrag zur Neuorientierung der Literaturwissenschaft sehen, begegnen sich hier mit den von G. Kaiser in *Fragen der Germanistik. Zur Begründung und Organisation des Fachs*, München 1971, S. 59 ff., und R. Weimann, *Literaturgeschichte und Mythologie. Methodologische Studien*, Berlin und Weimar 1971, S. 27 ff. gemachten. Wir geben der Annahme Raum, daß Jauß, bewußt „provozierend“, sich für eine Einseitigkeit entschied, auf der er nicht unter allen Umständen insistieren würde. Das Gebot, die literarische Reihe bzw. „Evolution“ mit der „allgemeinen Geschichte in der prozeßhaften Verkettung gesellschaftlicher Zustände“ zu vermitteln ist auch bei ihm weit mehr als bloße Konzession.

3 Wir sagen „virtuell“, weil Antizipation auch die Realisierung schlechter Möglichkeiten vorwegnehmen und diese fördern kann.

Zukünftigem ist sie reale Hoffnung, Warnung oder Palliativ, und so das Zukünftige selber mitbewirkend.

Im Begriff des Möglichen selbst ist, so wie die Zukunft eines gegenwärtigen Wirklichen, auch seine Vergangenheit enthalten. In dieser dreifachen Dimension ist die Traditionsbildung begründet, aber auch die grundsätzliche Diskontinuität ihres Kontinuums. Bewahrung des Vergangenen, und wirke es sich auch nur als Bremse des Prozesses aus, ist im gleichen Maße möglich wie Antizipation. Darin liegt die Erklärung für das Phänomen, das als „Gleichzeitigkeit des Ungleichzeitigen“ und als „Ungleichzeitigkeit des Gleichzeitigen“ nur zwei Seiten der gleichen Gesetzlichkeit zum Vorschein bringt, die sich auch, mit S. Kracauer[4], in die Formel „Koexistenz des Gleichzeitigen und des Ungleichzeitigen“ fassen läßt. Auch hier ist zu erinnern, daß der Zufall auf ein Mögliches verwiesen ist, das jeweils von der dem geschichtlichen Wirklichen inhärenten Notwendigkeit determiniert ist.

Notwendigkeit ist insofern unentschieden, als sie sich zugleich nur als Mögliches setzt. Begreift man das Mögliche als eine Summe von Bedingungen, die, wie vollständig sie auch vorhanden sein mögen, nicht ausreichen würden zu seiner Verwirklichung, träte nicht der Zufall hinzu, dann wird klar, in welcher Weise Notwendigkeit zu relativieren ist. Daß ein Dante die Tradition der mittelalterlichen Dichtung auf einen wahrhaft einzigartigen Gipfel bringen konnte, lag in deren und in der allgemeingeschichtlichen Möglichkeit, aber keineswegs in deren Notwendigkeit, verstehen wir einmal Notwendigkeit in dem Sinne, daß es so kommen „mußte“. Der Zufall allein war der Katalysator für die Bedingungen des Möglichen. Es gilt, die vom Möglichen verbürgte Offenheit der Zukunft in die Dialektik vergangener Geschichte einzuführen. Die Literaturgeschichtsschreibung wird wahrhaben und ihrem Darstellungsprinzip integrieren müssen, daß Notwendigkeit nur zur Existenz kommen kann als realisiertes Mögliches, und daß andererseits nichts falscher wäre, als den im Möglichen operierenden objektiven Zufall aus dem Bannkreis der noch unentschiedenen Notwendigkeit ins Reich der puren Beliebigkeit und Willkür zu entlassen.

---

4 In *Poetik und Hermeneutik* Bd. III: *Die nicht mehr schönen Künste.* Hrsgg. von H. R. Jauß, München 1968, S. 569. Vgl. Jauß, *Literaturgeschichte als Provokation der Literaturwissenschaft,* S. 58 f.

Diese Forderung sei noch am Beispiel der literarischen Gattungen erläutert[5]. Auch der Gattung ist „das Ende nicht an der Wiege gesungen worden". Gattungen werden unter bestimmten historisch-gesellschaftlichen Voraussetzungen geboren, sie haben – mit der formgeschichtlichen Schule der neueren Theologie zu sprechen – ihren „Sitz im Leben"[6]. Sie können absterben, wenn ihre Funktion erfüllt ist und sie sich als untauglich erweisen, eine andere, von der Veränderung oder völligen Umgestaltung des „Sitzes im Leben" bestimmte Funktion zu übernehmen. Jede Gattung hat ihren Platz in einem funktionalen System, das sich einem synchronischen Querschnitt als scheinbar festes Gattungssystem darbietet, in Wahrheit aber in unaufhörlicher Veränderung begriffen ist. In Zeiten, in denen der kreative Weltgeist sich auszuruhen scheint, da die Basis fast erstarrt ist zum ruhigen Kontinuum, vollziehen sich die Veränderungen im Gattungssystem fast unmerklich durch einzelne, das System selber kaum tangierende Umbesetzungen innerhalb der Gattungen selbst. An Wendepunkten der Geschichte aber wird die Phase der Evolution abgebrochen: die Impulse des Unterbaus durchschlagen die „Verkehrsformen", was im Bereich der Literatur grundlegende Änderungen im Gattungssystem zur Folge hat an Proportionen, Gattungsmischung, Neukonstituierung von Untergattungen, Ablösung der Dominanten, d. h. Umwälzung der Hierarchie des Systems. Einzelgattungen, über welche schon das Urteil gesprochen schien, entfalten unvorhergesehene Möglichkeiten in Zwang und Eignung zu neuer Funktion.

In einer ebenso entschieden historisch wie nominalistisch orientierten Gattungstheorie „muß für die Metaphorik der Entwicklungs-, Reife- und Verfallsabläufe die teleologiefreie Begrifflich-

---

5 Auch hier gebührt H. R. Jauß das Verdienst einer neuen Perspektive, deren Bedeutung nicht dadurch gemindert wird, daß sie u. E. durch eine konkrete historisch-soziologische Fragestellung ergänzt werden sollte. Die folgenden knappen, weil nur auf unser Thema bezogenen Bemerkungen verdanken manches der oben zitierten Schrift von Jauß und vieles den Gesprächen, welche die gemeinsame Konzeption und Vorbereitung des *Grundriß der romanischen Literaturen des Mittelalters* begleiteten. Vgl. H. R. Jauß, *Littérature médiévale et théorie des genres*, in *Poétique* 1 (1970), S. 79-101, deutsch demnächst in *GRLMA* Bd. I.

6 Zur „Sitz-im-Leben"-Forschung vgl. K. Koch, *Was ist Formgeschichte? Neue Wege der Bibelexegese*, Neukirchen-Vluyn 21967.

keit des Durchspielens einer begrenzten Zahl von Möglichkeiten eintreten"[7]. Wir werden indessen ohne jene Metaphorik kaum auskommen, zumal sie, gerade teleologiefrei, historische Prozesse durchaus treffend bezeichnet. Den nicht mehr klassizistisch verstandenen literarischen Gattungen ist „keine andere Allgemeinheit zuzuschreiben als die, die sich in ihrer historischen Erscheinung manifestiert"[8]. Hier, in dem, was sich bereits zum Gattungs-„gesetz" herangebildet hat, liegt die *eine* Begrenzung der „Zahl ihrer Möglichkeiten", die andere ergibt sich aus der historischen Situation selbst, in welche die Gattung eintritt[9]. Die Begrenzung der Möglichkeiten besteht in der so kombinierten doppelten Notwendigkeit, deren Interferenz für den nächsten Schritt in der „literarischen Reihe" bestimmend wird[10].

---

7 H. R. Jauß in GRLMA Bd. I.

8 Jauß a. a. O.

9 Der Eintritt einer alten Gattung in das System einer die Verhältnisse durchgreifend verändernden neuen geschichtlichen Situation ist überhaupt nur unter der Voraussetzung denkbar, daß die Gattung *nicht* ein Wesen außerhalb der geschichtlichen Abfolge ihrer Repräsentanten hat, das ihr kaum verrückbare Normen setzte, an denen jedes Einzelwerk zu messen wäre (was denn auch weidlich getan wurde und noch immer getan wird).

10 Dasselbe meint H. R. Jauß (*Literaturgeschichte als Provokation*, S. 61) mit dem Postulat, „den Strukturwandel in der literarischen Evolution" zu erfassen, nicht substanzialistisch, als „Umwandlung" literarischer Formen und Gehalte, sondern funktional, als „Umbesetzung" von Positionen im Horizont der Fragen und Lösungen, die gleichermaßen von innen, das heißt von der immanenten Gesetzlichkeit einer Gattungsentwicklung, wie von außen, das heißt von Anstößen und Problemzwängen der geschichtlich-gesellschaftlichen Situation bedingt und ausgelöst sein kann". – Die Differenz zwischen Jauß' und meiner Auffassung läßt sich darin andeuten, daß ich anstelle des Potentialis den Realis setzen würde. Die immanente Dialektik von literarischen Inhalten und Formen erlangt in Phasen geringer gesellschaftlicher Veränderung ein bedeutsames Eigengewicht, doch nur deshalb, weil nur geringe Anstöße aus der Basis erfolgen, von der sie sich nie völlig löst, und von welcher sie zu Beginn der Phase auch wesentlich determiniert wurde. Der Zusammenhang zwischen „literarischer Reihe" und „gesellschaftsgeschichtlicher Reihe" ist unauflösbar, auch wenn einmal die eine, ein anderes Mal die andere mehr in den Vordergrund rückt. Stets wird der erstere durch die letztere „eingeholt".

Man wird davon ausgehen müssen, daß jedem „Sitz im Leben", auch dem in die komplexe Vielfalt der modernen Gesamtgesellschaft sich aufgliedernden, die Tendenz innewohnt, alle seine Aspekte zu einem kohärenten System zu organisieren. Die Bildung gesellschaftlichen Bewußtseins, das sich aufs Ganze richtet, ist anders gar nicht denkbar. Hieraus sich ergebende Notwendigkeit erscheint im Gattungssystem als deren Strukturierung, deren Dynamik nur im synchronischen Querschnitt zum Stillstand gekommen scheint. Wie der von der Notwendigkeit bestimmte strukturelle Rahmen ausgefüllt wird, entscheidet sich im Möglichen und am Zufälligen. Nicht mit Notwendigkeit wird die Vollkommenheit erreicht, die im Möglichen bereit liegt. Notwendigkeit ist nur als tendenzielle faßbar. Das gilt, wie uns scheint, für das System, für die Gattungen, und schließlich auch für die optimale Realisierung, d. h. relative ästhetische Vollendung im Einzelwerk.

Die Frage nach der Funktion der in einem System koexistierenden Gattungen ist noch präziser zu stellen. Ihr Verhältnis zur Realität läßt sich bereits danach unterscheiden, ob sie sich auf das empirische Wirkliche im Sinne des Abbilds, auf das Wahrscheinliche oder das Mögliche richten. Doch sind die großen Gattungen hier durchaus variabel und verhalten sich – was ihnen ihre Kontinuität sichert – gemäß den Anforderungen des geschichtlich veränderten Systems. Die Konstanz, die ihnen historisch zugewachsen ist und die von ihrer Kapazität verbürgt wird, neue Inhalte zu verarbeiten ohne das eigene Formgesetz zu sprengen, wird indessen daran sichtbar, daß sie, ungeachtet ihrer Ausgliederung in Misch- und Untergattungen, nicht vertauschbar sind. Nicht vertauschbar, weil ihre Funktionen innerhalb des Systems nicht austauschbar sind.

Wenn Gattungs- und Stilgrenzen bis zur französischen Revolution im Wesentlichen zusammenfallen mit den Standesgrenzen, d. h. mit der Interessenverschiedenheit sozialer Gruppen, so läßt sich in der Moderne eine vergleichende Zuordnung, wenn überhaupt, nur im Durchmessen völlig opak gewordener Vermittlungen noch vornehmen. Einen der begehbaren Wege glauben wir einzuschlagen, indem wir die Frage nach der inhaltlichen Rolle des Zufalls in den verschiedenen Gattungen, und das heißt auch nach seinem Stellenwert innerhalb des jeweiligen Systems, aufwerfen. Gewiß lassen sich Epochen nachweisen, in denen das Gattungssystem sichtlich verarmt, weil bisher und später wieder wichtige, ja dominierende Gattungen eine Randexistenz führen (was ebenso Gegenstand der Forschung sein sollte wie die zeitweilige Dominanz einer Gattung); eine virtuelle Vollständigkeit im Hinblick auf den „Sitz im Leben" wird sich immer feststellen lassen, und sei es nur als nicht voll zum Tragen gekommene Tendenz. Sehen wir für einen Augenblick von der historisch bestimmten, d. h. wechselnden Hierarchie des Systems ab und beschränken wir uns auf seine relative Konstanz, so zeigt sich schnell, daß die Verschiedenheit der Rolle des Zufalls zu den Konstituanten der Gattungsdifferenzierung gehört, was die Vermutung nahelegt, daß mit der ihm jeweils eingeräumten Bedeutung als einer, die ein bestimmtes Weltbild impliziert, auch eine soziologische Zuordnung im Sinne eines „zugeordneten Bewußtseins" vorliegt.

Ob der Mensch sich als „persönliches Individuum" oder als „zufälliges Individuum" versteht, ist „keine Begriffsunterscheidung, sondern ein historisches Faktum", das nicht nur den Bewußtseinsstand einer ganzen Epoche prägen kann (wie etwa der Aufklärung) sondern in der Klassengesellschaft je nach Gruppenzugehörigkeit die eine wie die andere Konzeption zuläßt, d. h. beide nebeneinander stellt. Das „Recht, innerhalb gewisser Bedingungen ungestört der Zufälligkeit sich erfreuen zu dürfen", das die in ihren Genuß Kommenden „persönliche Freiheit" nennen, wird für die anderen zur ebenso zufälligen, aber sinnwidrigen und inhumanen Fessel[11]. Die Differenz in der sozial bedingten Auslegung kontingenten Schicksals, die bis zur Revolution sich als normative Gattungshierarchie niederschlug – geschichtlich schon in Dichotomien wie z. B. derjenigen von heroisch-galantem und „realistischem" Roman im 17. Jh. bezeugt – erfaßt in der Moderne die Einzelgattungen selbst, doch ohne ihren Gehalt an „Zufälligkeit" selber wesentlich zu verändern. Die Wirkungsmacht des Zufalls ist je nach Gattung groß oder klein, beherrschend oder belanglos, demonstriert somit ganz unterschiedliche Verarbeitung der Erfahrung von Kontingenz. In der Wahl der Gattung bezeugt sich eine unterschiedliche Interpretation des gleichen Weltzustands durch unterschiedlich von ihm betroffene soziale Gruppen.

---

11 Zitate aus K. Marx, F. Engels, *Die deutsche Ideologie,* Berlin 1960, S. 72 ff.

Je mehr dieser Zustand als einer der Entfremdung und der Absurdität die gesamte Gesellschaft erfaßt und die alten Unterscheidungen in die Trivialliteratur abdrängt, desto mehr verwischen sich die Konturen der Kongruenz von Gattungssystem und sozialem System, ohne sie durch solche Unkenntlichkeit auch schon aufzuheben. Riskieren wir, um der Klarheit willen, eine grobe Vereinfachung, die „unvermittelt" behauptet, was nur als vielfach Vermitteltes wahr ist, dann können wir sagen, daß die Abhängigkeit der Zufallseinstellung des Einzelwerks von derjenigen der Gattung, der es zugehört, sich homolog verhält zur Abhängigkeit der individuellen Einstellung zum Zufall vom Zufallsbewußtsein einer sozialen Gruppe[12].

Im sozusagen „überzeitlichen" Gattungssystem ist die Seite der absoluten Willkür des Zufalls von der Novelle besetzt. Als ihr Gegenpol erscheint die Lyrik, im romantischen und postromantischen Sinn. In der Novelle wird der Zufall „zum eigentlichen Symbol jener geheimnisvollen, zugleich absichtsvoll-zufälligen und ganz persönlichen Schicksalsbestimmtheit allen menschlichen Lebens, welche die allgemeine Weltanschauung der Novelle ist"[13]. Die „unerhörte Begebenheit" (Goethe), als absolut Zufälliges jeder Erwartung konträr, wird als entsakralisiertes, umgekehrtes Wunder zuerst bei Boccaccio problematisch[14]. In der Novelle „begibt sich", was niemand gewollt, „trifft sich", was niemand erwartet hat, ist „Fügung", was niemand gefügt hat als der Zufall, das ganz und gar Anonyme, Unpersönliche, Nicht-Identifizierbare. Nicht nur für die Novellen Kleists gilt, daß sie den Menschen immer in eine Situation stellen, „in der der Zufall ihn an-

---

12 Wir notieren dabei eine grundsätzliche Übereinstimmung mit den Thesen Lucien Goldmanns, insbesondere seiner soziologischen Grundlegung der „vision du monde".

13 B. Bruch, *Novelle und Tragödie: zwei Kunstformen und Weltanschauungen*, in: *Novelle*, hrsgg. von J. Kunz, Darmstadt 1968 (Wissenschaftliche Buchgesellschaft, Wege der Forschung Bd. LV) S. 125. Zum Zufall als einem für die Form novellistischen Erzählens konstitutiven Element vgl. auch M. Schunicht, *Wege der neueren Novellenforschung*, ebda. S. 458 f.

14 S. H.-J. Neuschäfer, *Boccaccio und der Beginn der Novelle. Strukturen der Kurzerzählung auf der Schwelle zwischen Mittelalter und Neuzeit*, München 1969, S. 76 ff.

springt"[15]. Das „Unerhörte" präsentiert sich, im Guten wie im Bösen, als Ausnahmefall, als solcher wird es in der Gattung Novelle zur Regel, ja zum Typischen. Als schlechthin Unbegreifliches kann die „schreiende Willkür des beglückenden und vernichtenden, aber immer grundlos darniederfahrenden Zufalls nur durch sein klares, kommentarloses, rein gegenständliches Erfassen balanciert werden". Es manifestiert „Sinnlosigkeit in unverschleierter, nichts beschönigender Nacktheit"[16].

In der Novelle „wird die Sinnlosigkeit, als Sinnlosigkeit, zur Gestalt . . . von der Form bejaht, aufgehoben und erlöst"[17]. Die „Aufhebung" durch die Form ist die Aufhebung der Diskrepanz zwischen der subjektiven Vorstellung von Ordnung und dem, was als diese Ordnung Negierendes und sie Widerlegendes erfahren wird. Der Ausnahmefall des „unerhörten Begebnisses" ist das Ausgefallene als eines, das aus dem Rahmen fällt[18]. Ungerührt, spielend fast, schließt sich im Novellenrahmen die gestörte Tagesordnung wieder über der Summe von Einzelfällen, die sie kraft ihrer evidenten Sinnwidrigkeit in Frage stellen und die sie nur entschärft, indem sie sie in der formalen Einheit des Widerspruchs einspruchslos hinnimmt[19].

In der Novelle als der „Form der isolierten Merkwürdigkeit und Fragwürdigkeit des Lebens" (G. Lukács) fallen Zufall und Notwendigkeit so sehr zusammen, daß die Möglichkeit ihres

---

15 H.-P. Hermann, *Zufall und Ich. Zum Begriff der Situation in den Novellen Heinrich von Kleists,* GRM, N. F. 11 (1961) S. 89. Zu Kleist auch E. Nef, *Der Zufall in der Erzählkunst,* S. 18 ff.

16 G. Lukács, *Die Theorie des Romans. Ein geschichtsphilosophischer Versuch über die Formen der großen Epik,* Neuwied – Berlin ²1963, S. 47.

17 Lukács, a. a. O.

18 G. Hilty, *Zur Struktur der „Novelas ejemplares" von Cervantes,* in: *Typologia Litterarum. Festschrift für Max Wehrli,* Zürich – Freiburg i. Br. 1969, S. 371.

19 Wir können G. Hilty nur zustimmen, wenn er (a. a. O. S. 383) meint, daß der Rahmen zur Novelle gehöre und tendenziell auch dann vorliege, wenn er nicht tatsächlich vorhanden ist. Vgl. auch W. Pabst: „Ein Rahmen kann . . . auch dort existieren, wo von einer Rahmenerzählung im Sinne der literaturwissenschaftlichen Definition nicht die Rede ist". (*Novellentheorie und Novellendichtung. Zur Geschichte ihrer Antinomie in den romanischen Literaturen,* Hamburg 1953, S. 133.)

„Auch-anders-sein-Könnens" beraubt scheint. Dem Roman dagegen kann der einmalige, isolierte Zufall, der sich von vorneherein nicht an die Sinnfrage kehrt, nicht genügen. Die Entscheidung im Möglichen über die noch unentschiedene Notwendigkeit muß im Totalität reflektierenden Verlauf eines oder mehrerer Leben mehrfach bereitgestellt werden. Im Gegensatz zur Novelle bietet im Roman die epische Breite die Gelegenheit, den Zufall als Konvergenzpunkt von Ereignisketten in die innere Notwendigkeit eines Prozesses zu integrieren. Friedrich Schlegels Wort über den „*Wilhelm Meister*", daß hier der Zufall selbst „ein gebildeter Mann" sei[20], meint in dem von Schlegel intendierten und Goethes Absicht treffenden Sinn sicherlich nur den Bildungsroman, gilt aber in gewisser Weise für den Roman überhaupt. Die Gattung, deren „Grunddissonanz" das „Nichteingehen-Wollen der Sinnesimmanenz in das empirische Leben" (Lukács) im Blick auf die Totalität dieses Lebens ist, offenbart eine schier unerschöpfliche Kapazität formaler Variation, die bisher noch jede Fürtoterklärung Lügen strafte. Das Grundmuster des in ihm entfalteten, den Zufall dienstbar machenden „sinnvollen" Wechselspiels von Schicksal und Charakter bleibt, als zu verifizierendes, maßgeblich noch für jene es falsifizierenden Romane von Stendhal über Flaubert bis Proust, in denen der Zufall nur noch zufällig sich der Sinnfrage beugt und eben damit demonstriert, daß er sich nicht mehr durch die „Gesinnungen" der Personen „lenken" läßt.

Die extensive Totalität des geschichtlichen Weltzustandes, die der Roman anvisiert auch im erforderlichen Ausschnitt, kann nur eingefangen werden vermöge quantitativer Reduktion durch Auswahl und qualitativer Intensivierung. Zu den Mitteln der Transformation in die erfundene Wahrheit der Fiktion gehört der Zufall, Notwendigkeit im Möglichen durchsetzend auch da, wo er handlungstechnisch nur die Funktion der Verkürzung des Prozesses hat. Nicht von ungefähr hat sich unsere Untersuchung in den Kapiteln I bis III vorwiegend auf den Roman bezogen. Von ihm kann gesagt werden, daß „die Kontingenz, die das Schicksal des Helden in der Welt und auch den Gang seiner Darstellung

---

20 *Charakteristiken und Kritiken I* (1796–1801), Kritische Friedrich-Schlegel-Ausgabe, hrsgg. von E. Behler (Wissenschaftliche Buchgesellschaft), München–Paderborn–Wien 1967, S. 145.

bestimmt, für den Romanautor durchaus die Weise sein (kann), in der ein umfassender Zusammenhang des Notwendigen sich zur Geltung bringt. Das Notwendige nämlich ist die Macht, Beliebiges in der Ordnung eines Ganzen zu halten, die durch das Zufällige niemals bedrohte Freiheit des Unumgänglichen. In dem, was es ist, kann es sich nur erweisen, wenn es das Zufällige gewähren läßt"[21]. Dem Roman ist eigen, Möglichkeit in Fülle zu präsentieren und gerade darin auf die Notwendigkeit zu verweisen. Die Begegnung einer Romangestalt mit einer Person, die ihr zum Schicksal wird, *ist* zufällig und hat doch, *weil* sie zum Schicksal wird, ihren Grund in einer Notwendigkeit, die durch Möglichkeit vermittelt ist. Über dem Zufall von Octaves Entdeckung der Untreue seiner Geliebten waltet von Anfang an ebenso die Notwendigkeit der „maladie du siècle" wie über der zufälligen ersten Begegnung von Frédéric Moreau mit Madame Arnoux auf einem Seine-Schiff die Notwendigkeit der Ohnmacht einer Generation. Die erste zufällige Begegnung ist paradigmatisch für alle folgenden, die doch immer wieder auf ein anderes Mögliches in jenem Notwendigen verweisen, das im Roman grundsätzlich ebenso verfehlt wie gemeistert werden kann (bei gleicher Grundstruktur im Bildungs- bzw. Entwicklungsroman und im Desillusionsroman).

Mit Recht ist – schon von Schiller[22] – gesagt worden, der Eindruck der Vollkommenheit eines Werkes der Literatur beruhe auf dem Grad von Notwendigkeit, der sich in ihm mitteilt. „Es ist ein Zeichen der höchsten Kunst, wenn sie von einer unwiderstehlichen Notwendigkeit durchwaltet wird"[23]. Für den Roman aber muß gesagt werden, daß solche Notwendigkeit nicht zustandekommt ohne die Einbeziehung des breiten Spektrums von Mög-

---

21 D. Henrich in: *Nachahmung und Illusion.* Kolloquium Gießen Juni 1963, hrsgg. von H. R. Jauß (Poetik und Hermeneutik I), München 1964, S. 215.

22 „Der Grad seiner [des Poeten] Vollkommenheit beruht auf dem Reichtum, dem Gehalt, den er in sich hat und folglich außer sich darstellt, und auf dem Grad von Notwendigkeit, die sein Werk ausübt". Brief an Goethe vom 27. März 1801, *Der Briefwechsel zwischen Schiller und Goethe,* hrsgg. v. H. G. Gräf und A. Leitzmann, Leipzig 1955, Bd. II, S. 368.

23 W. Krauß, *Grundprobleme der Literaturwissenschaft,* (rde 290 / 291), Reinbeck 1968, S. 90.

lichkeiten, durch die allein sich per Zufall die allgemeine Gesetzlichkeit der Totale im Einzelschicksal durchsetzen kann.

Der Roman hält Notwendigkeit offen in Vielfalt und Wiederholung des Möglichen, die Novelle hat sie in dem einen Zufall der „unerhörten Begebenheit“ auch bereits entschieden. Der individuelle Casus, den die Novelle, von der Totalität abstrahierend, an deren Stelle setzt, trennt sie vom Roman und stellt eine eigentümliche Beziehung her zu der Gattung, die sich dem Zufall nur in ihren halbepischen Sonderformen nicht zu verschließen scheint: der Lyrik. Sie enthält Zufall nicht, oder doch nur selten, als Ereignis, sondern Zufall als Befindlichkeit, als Bedingung ihrer Subjektivität. „Je subjektiver sein (= des lyrischen Dichters) Empfinden ist, desto zufälliger ist es“[24]. „Die Lyrik kann das Phänomenalwerden der ersten Natur ignorieren und aus der konstitutiven Kraft dieses Ignorierens heraus eine proteische Mythologie der substantiellen Subjektivität schaffen: für sie ist nur der große Augenblick da, und in diesem ist die sinnvolle Einheit von Natur und Seele, oder ihr sinnvolles Getrenntsein, die notwendige und bejahte Einsamkeit der Seele ... nur in der Lyrik wird das Subjekt ... zum alleinigen Träger des Sinnes, zur einzig wahren Wirklichkeit“[25]. Fassen wir die „erste Natur“ von der hier die Rede ist, als die gesellschaftliche Natur des Menschen (wogegen Lukács vermutlich nichts einwenden würde), so wird sichtbar, an welchem Ort im Gattungssystem die Lyrik angesiedelt ist. „Von rückhaltloser Individuation erhofft sich das lyrische Gebilde das Allgemeine“[26], jenes Allgemeine, das sie nicht loswird, und dem sie nur das subjektive Betroffensein als ein vom Allgemeinen selbst produziertes, selbständig und wesentlich gewordenes entgegenzusetzen hat. Doch hat sie „keine Macht darüber, ob sie nicht in der Zufälligkeit der bloßen abgespaltenen Existenz verharrt“[27], d. h. im Subjektiv-Partikulären, zu dem sie sich verdammt weiß, diese Verdammung selbst als ein Moment des Allgemeinen zu kristallisieren versteht. Wo diese Zufälligkeit problematisch wird, stellt Lyrik – wie bei Mallarmé – fast zwangsläufig sich selber in

---

24 Schiller an Goethe a. a. O. S. 360.

25 G. Lukács, *Die Theorie des Romans*, S. 60 f.

26 Th. W. Adorno, *Rede über Lyrik und Gesellschaft*, in: *Noten zur Literatur*, Berlin und Frankfurt a. M. 1958, S. 75.

27 Adorno a. a. O.

Frage und gewinnt hieraus neue Substanz. Adornos paradoxe Formulierungen, „gerade das nicht Gesellschaftliche am lyrischen Gedicht" sei „sein Gesellschaftliches", und „ein kollektiver Unterstrom grundiere alle individuelle Lyrik"[28] könnte sich auf Baudelaire berufen, dem der Dichter als eine „Kollektivseele" erschien, die das „Mögliche erzählt", indem sie „fragt", „weint", „hofft" und manchmal „ahnt"[29]. Das lyrische Ich, das sich erkennt als ein vom Allgemein-Notwendigen zur Zufälligkeit verurteiltes, nimmt diese Zufälligkeit in seine Subjektivität auf als Moment des Allgemeinen und steht somit für diese Seite des Allgemeinen. Es hat darin seinen „Sitz im Leben" und zugleich seinen Platz im Gattungssystem.

In der Novelle bleibt der einzelne Fall der Fall eines Einzelnen, als isolierter, jeder Gesetzmäßigkeit entzogener Zufall. Mit der Lyrik, ihrem Gegenpol und Korrelat im System, hat sie gemeinsam, daß sie Schicksal primär als individuelles Erleiden, als Opfer, gelegentlich als Auszeichnung erfährt, und nicht zugleich als Schuld. Die von beiden Gattungen ignorierte Dialektik von Schicksal und Charakter ist dagegen konstitutiv für den Roman sogar noch da, wo er sie widerlegen zu müssen glaubt. Goethes Auffassung, „daß man dem Zufall im Roman gar wohl sein Spiel erlauben könne, daß er aber immer durch die Gesinnungen der Personen gelenkt und geleitet werden müsse", zieht sogleich die Grenze zur Tragödie: „daß hingegen das Schicksal, das die Menschen ohne ihr Zutun, durch unzusammenhängende äußere Umstände zu einer unvorhergesehenen Katastrophe drängt, nur im Drama statt habe; daß der Zufall wohl pathetische, niemals aber tragische Situationen hervorbringen dürfe; das Schicksal hingegen müsse immer fürchterlich sein und werde im höchsten Sinne tragisch, wenn es schuldige und unschuldige, voneinander unabhängige Taten in eine unglückliche Verknüpfung bringt"[30]. Schiller bestätigt und ergänzt: „Der Roman, sagt er (Goethe) fordert Gesinnungen und Begebenheiten, das Drama Charakter und That. –

---

28 A. a. O. S. 83 und S. 89.

29 *Œuvres complètes de Baudelaire*, Ed. de la Pléiade, Paris 1954, S. 1091 f. Vgl. oben S. 52 f.

30 *Wilhelm Meisters Lehrjahre*, Hamburger Ausgabe Band VII, S. 308.

Im Roman darf der *Zufall* mit handeln, aber der Mensch muß dem Zufall eine Form zu geben suchen. Im Drama muß das *Schicksal* herrschen, und dem Menschen widerstreben u. s. f."[31] Der tragische Dichter „muß den Zufall sorgfältig vermeiden"[32].

Ein leichtes wäre es, nachzuweisen, daß weder Schiller noch Goethe in ihrer Theaterpraxis diese Maxime so streng befolgten wie etwa die französische Klassik. Doch wie bei Shakespeare (exemplarischer Fall: *Romeo und Julia*) „spielt sich jede einzelne Zufälligkeit ... in der *Atmosphäre der Notwendigkeit* ab, und in dieser, durch diese wird ihr zufälliger Charakter dramatisch vertilgt"[33]. Wie in der Novelle ist der Zufall in der Tragödie, wenn überhaupt zugelassen, Erfüllungsgehilfe einer vorgezeichneten Notwendigkeit, die indessen nicht, wie in der Novelle, als rein äußere Willkür darniederfährt, sich nicht indifferent zu Charakter und Wollen der Personen verhält, sondern diese zwingt, ihr Schicksal in eigener Tätigkeit zu vollenden. Jene Gesinnungen, die im Roman den Zufall „lenken", sind ohnmächtig in der Novelle, und bereiten sich selbst ihren Untergang in der Tragödie. Zufällig ist die Grausamkeit des Schicksals in der Novelle (zufällig auch seine Huld), äußerlich, teilnahmslos, arbiträr, die „schärfere Schneide des Schicksals, wie die Peitsche des lächerlichen Zufalls, im Zuge des Ausholens"[34]. In der Tragödie dagegen wird Notwendigkeit des Schicksals von den Personen mitgestiftet; indem sie dagegen aufbegehren, löst ihr Charakter das Schicksal aus, das ihnen bestimmt ist. Was für die Novelle der zufällige „Wendepunkt" ist, ist für die Tragödie die Peripetie, als nicht

---

31 *Schillers Werke, Nationalausgabe,* hrsgg. von J. Petersen und G. Fricke, Bd. 27, Weimar 1958, S. 189.

32 *Sämtliche Werke,* hrsgg. von G. Fricke und H. G. Göpfert, München 1959, Bd. V, S. 945.

33 G. Lukács, *Der historische Roman,* Berlin 1955, S. 123. Vgl. dazu R. Kühnemund, *Die Rolle des Zufalls in Shakespeares Meistertragödien,* Halle 1923 (Studien *zur engl. Philologie H.* LXVII), E. Groß, *Der Zufall im Drama,* in: *Das literarische Echo,* 25. Jg. 1. Sept. 1923, S. 1155-1164, und id., *Dichtung und Zufall,* in: *Deutsche Beiträge. Eine Zweimonatsschrift,* 4. Jg. 1950, S. 452 f.

34 F. Th. Vischer, *Aesthetik oder Wissenschaft des Schönen,* zit. nach *Novelle,* S. 64.

mehr zufälliger, sondern mitverschuldeter Umschlag der Zwecke in ihr Gegenteil. Das Schicksal des tragischen Helden „zeigt sich also in der Betrachtung eines Lebens als eines verurteilten, im Grunde als eines, das erst verurteilt und darauf schuldig wurde"[35].

Notwendigkeit definiert sich, als noch unentschiedene, durch ihre Möglichkeiten. Über deren Ausmaß hat nicht nur jede geschichtliche Epoche, sondern innerhalb dieser auch die für den „Sitz im Leben" zuständige Gattung eine andere Vorstellung, nämlich die der ihr eigentümlichen „Weltanschauung", die sich soziologisch und ideologiekritisch als „zugeordnetes Bewußtsein" bestimmen läßt. In der Novelle bleibt der einzelne Fall der Fall eines Einzelnen, im Roman ist er als partikulärer zugleich symptomatisch für das Allgemeine, daher typisch. Die Tragödie rückt das Einzelschicksal ein in den „Schuldzusammenhang des Lebendigen" (W. Benjamin), von dem allein der Zufall der Komödie, als eine andere Möglichkeit, ähnlich dem „glücklichen" Novellenzufall, erlöst[36]. Das fundamentale Getrenntsein von Schicksal und Charakter, das in der Novelle vom Zufall besiegelt, in der Tragödie durch übergeordnete Notwendigkeit, durch den vom Zufall verkürzten „Schuldzusammenhang der Gesellschaft"[37] bestätigt, in der Komödie vom glückhaften Zufall übersprungen wird, ist im Roman vermittelt – nicht zuletzt durch den Zufall. Zufall ist dabei nicht bloß als handlungsbestimmendes Ereignis zu verstehen, sondern ebenso als das, was das Subjekt aus einem Einzelnen zum Besonderen, für das Allgemeine signifikanten und d. h. „typischen" macht.

Die Dialektik von Schicksal und Charakter kongruiert mit derjenigen von Allgemeinem mit Einzelnem, Notwendigkeit und Zufälligkeit, Wesen und Erscheinung, Typus und Individuum. Erweitert man, mit G. Lukács, die Gegensatzpaare begrifflich um das, was zwischen ihnen vermittelt, nämlich um die Kategorie der

---

35 W. Benjamin, *Schicksal und Charakter*, in: *Schriften* Bd. I, Frankfurt a. M. 1955, S. 35.

36 Die Frage, wie sehr sich die Komödie dabei einer zwar ins Notwendige reichenden, aber unwahrscheinlichen Möglichkeit versichern muß, etwa in Molières *Tartuffe*, kann hier nicht weiter verfolgt werden.

37 Th. W. Adorno, *Charakteristik Walter Benjamins*, in: *Prismen. Kulturkritik und Gesellschaft*, München 1963, S. 237.

Besonderheit[38], so befindet man sich im Reich der Möglichkeit. Das Allgemeine kann in der Kunst nicht anders als durch das Einzelne, das Wesen nicht anders als durch seine individuelle Erscheinung ausgedrückt werden. Es geschähe dies nicht ohne die Transformierung des Einzelnen in ein Besonderes, durch welches es Anteil am Allgemeinen hat. Das Zusammenfallen des Einzelnen aber mit dem Allgemeinen im Besonderen ist im Leben eine vom Zufall gestiftete Möglichkeit, welche Dichtung nachvollzieht, „nachahmt", indem sie es aus der Fülle des Partikulären auswählt oder aber erfindet, als Mögliches im Wirklichen. Dies gilt nicht nur für die gefundenen oder erfundenen Personen, sondern auch für die Situationen und Kollisionen, mit denen diese konfrontiert werden, und nicht zuletzt auch für die Zufälle, die ihre Lebenskurve mitbestimmen. Besonderheit hebt die Extreme des abstrakten Allgemeinen und des konkreten Partikulären auf und bewahrt sie zugleich. Sie ist deren widerspruchsvolle, vom Zufall im Möglichen zum „Typus" realisierte Einheit. Nur mittels des Besonderen artikuliert das Allgemeine sich im Einzelnen, das Notwendige sich im Partikulären, und wird, umgekehrt, das zufällige Einzelne über das Mögliche zum Erscheinungsmodus des Notwendigen im Wirklichen. Das Besondere ist, als Vermittelndes, das vom Zufall realisierte Mögliche.

Der Streit um die literarischen Gattungen läßt sich nicht mit Croce durch deren Leugnung lösen, sondern nur durch die Bestimmung ihrer Funktion in einem Gattungssystem, das in stetiger, teils kaum merklicher, teils umwälzender Veränderung begriffen ist gemäß dem „Sitz im Leben", der nicht nur für die Entstehung der Gattungen, sondern auch für deren weiteres Geschick verantwortlich ist. Zu solcher Funktionsbestimmung vermag, wie wir uns überzeugt haben, die Analyse von Art und Maß des Anteils, den Gattung wie Einzelwerk dem Zufall einräumen, erheblich beizutragen. Der Zufall gibt den Blick frei für das, was

---

38 G. Lukács, *Über die Besonderheit als Kategorie der Ästhetik*, Neuwied und Berlin 1967. Bereits Hegel bemißt die Überzeugungskraft der Charaktere als literarischer Handlungsträger danach, wie sich das „Allgemeine" der die Handlung bewegenden sittlichen und gesellschaftlichen Mächte „in den besonderen Individuen zur *Totalität* und *Einzelheit* in sich zusammenschließt" (*Ästhetik*, hrsgg. von F. Bassenge, Berlin 1955, S. 251).

in einer bestimmten historischen Situation der Gesellschaft möglich war, und zwar in der unterschiedlichen, im Einzelwerk wie in dessen Personen und deren Schicksalen individuell gebrochenen Zufallskapazität der Gattungen. In dieser Divergenz spiegeln sich Ansprüche und Erwartungen, welche die sozialen Gruppen an das Mögliche stellen, was zugleich heißt: das Wirkliche durch sein Mögliches zu interpretieren und auf es einzuwirken. Im Gattungssystem ist die Gleichzeitigkeit des Widersprüchlichen geborgen, im Spektrum der Möglichkeiten, durch die Notwendigkeit sich definiert und unablässig neukonstituiert. Die in der Abfolge der literarischen Realisierungen entstandene Traditionsbildung bremst zwar als Gattungszwang die Innovation, fördert sie aber zugleich infolge einer der Normierung selber innewohnenden Dialektik, die den Umschlag der Quantität in eine neue Qualität zur Folge hat und wieder offen wird für Impulse aus dem Unterbau.

Stets ist am literarischen Zufall, gerade in seinem Auch-anderssein-Können, eine Ambivalenz zu spüren, die daher rührt, daß Zufälligkeit sowohl zu einem bestimmten gesellschaftlichen Ort verurteilt und somit Fessel ist, wie auch in Aussicht stellt, daß soziale Schranken durchbrochen werden, und somit Freiheit verheißen kann. Diese Ambivalenz, mitunter unmittelbar problematisiert und thematisch ausgetragen wie in der Aufklärung, erscheint, eher latent, im synchronen Gefüge der Gattungen in unterschiedlicher Akzentuierung gemäß der Verschiedenheit in der Auslegung von Kontingenz, die sich den sozialen Gruppen angesichts der gleichen Wirklichkeit aufdrängt. Da die Gattungen durch die vorausgehende Phase ihrer Geschichte vorgeprägt, gleichsam programmiert sind, können sie nach geschichtlichen Umwälzungen nicht mehr die gleiche Funktion erfüllen wie bisher. So kommt es, daß Gattungen ihren Platz in der Hierarchie des Systems wechseln, aus dem Zentrum an den Rand, vom Rand in das Zentrum rücken, daß sie, selten ganz absterbend wie das Epos, überleben, indem sie den sozialen Träger wechseln. Nur in der Einordnung der jeweiligen synchronen Systeme in deren geschichtliche Abfolge wird diese Promiskuität sichtbar und erklärbar als Produkt des dialektischen Verhältnisses von gesellschaftlichem Unterbau und literarischem Überbau im Prozeß der Geschichte.

Der unterschiedliche Aussagewert, den die einzelnen Gattungen dem Zufall beimessen, ist an seiner Frequenz wie an seiner Funktion abzulesen. Diese Unterschiedlichkeit ist letztlich sozialgeschichtlich festzumachen und gehört deshalb gerade auch in ihren ästhetischen Implikationen zu den wichtigsten Aufgaben einer historischen Literatursoziologie. Über den kleineren periodischen Einheiten stehen, sie umgreifend und von ihnen artikuliert, Großphasen in der Geschichte der Konzeptionen der Kontingenz. Die Literaturgeschichte des Zufalls, die wir in den Kapiteln I bis III skizzierten, drängte uns eine Gliederung nach Leitbegriffen auf, die sich in den Kapitelüberschriften niederschlugen als Abfolge der drei „Zeitalter" der Providenz, der Kausalität und der Absurdität. Was sich uns in der Perspektive einer Untersuchung des Zufallsverständnisses ergab, deckt sich inhaltlich ziemlich genau mit den von Hans Blumenberg definierten historischen Wirklichkeitsbegriffen: *garantierte Realität – Realisierung eines in sich einstimmigen Kontextes – Realität als das dem Subjekt nicht Gefügige*[39]. Solche Kongruenz allein schon genügt als Indiz für das, was „notwendig" ist im geschichtlichen Geschehen. Wer Geschichte, und mit ihr auch Literaturgeschichte, als einen Prozeß begreift, kommt kaum umhin, zuweilen zu sagen, daß etwas so kommen „mußte", und sich damit den Vorwurf des Determinismus einzuhandeln. Der Vorwurf wird gegenstandslos angesichts der klaren Einsicht, daß Notwendigkeit im Wirklichen sich definiert durch ihre Möglichkeiten, daß Notwendigkeit zu ihrer Manifestation der Realisierung dieser Möglichkeiten bedarf. Die Kategorie Möglichkeit relativiert das „Müssen" in der Zufälligkeit des Verwirklichens, ohne es seiner Notwendigkeit zu berauben. In Hinsicht der Zufälligkeit als Voraussetzung der Realisierung des Möglichen, und nur in dieser Hinsicht, sind alle Epochen der Geschichte „gleich unmittelbar zu Gott". Damit ist auch die historische Relativität ästhetischer Vollkommenheit als Chance der Vervollkommnung bezeichnet. Das Mögliche ist die Summe von

---

39 H. Blumenberg, *Wirklichkeitsbegriff und Möglichkeit des Romans*, in: *Nachahmung und Illusion*, München 1964, S. 9-27. Der 4., bzw. 1. Wirklichkeitsbegriff, den Blumenberg als Vorstellung der *Realität der momentanen Evidenz* definiert, gilt für die Antike und kann hier außer Betracht bleiben.

Bedingungen, die nicht ausreichen würden, es zu verwirklichen, träte nicht der Zufall hinzu. Dieser kann sich versagen, und das heißt, das Mögliche vereiteln, selbst wenn es auf der Dringlichkeitsliste des Notwendigen steht.

Die Einführung des Zufalls in die historische Dialektik hat nicht zum Preis, daß diese aufgegeben werden müßte. Sie sichert sie vielmehr ab gegen die ständige Gefahr des Rückfalls in einen Determinismus, welcher der menschlichen Tätigkeit keinen Spielraum ließe, die Zukunft in zugleich freier und notwendiger, humaner Praxis zu gestalten. Wäre der Zufall nicht, und mit ihm das Mögliche, wäre Utopie schon längst nicht erstrebenswerte, sondern entsetzliche Wirklichkeit. Absolute Notwendigkeit ohne Möglichkeit ist zwar denkmöglich, aber unrealisierbar, weil Möglichkeit niemals abgeschlossen werden kann, es sei denn, es gelänge dem Menschen aufzuhören, Mensch zu sein. Das wäre dann seine allerletzte Möglichkeit – und das Ende der Geschichte.

NAMENSREGISTER

Literaturwissenschaft

Reinhard Baumgart
Selbstvergessenheit
Drei Wege zum Werk:
Thomas Mann, Franz Kafka,
Bertolt Brecht
Band 11470

Hartmut Böhme /
Nikolaus Tiling (Hg.)
Leben, um eine Form
der Darstellung zu finden
Studien zum Werk Hubert Fichtes
Band 10831

Carl Buchner /
Eckhardt Köhn (Hg).
Herausfordeung der Moderne
Annäherung an Paul Valéry
Band 6882

Hermann Burger
Paul Celan
Auf der Suche nach der
verlorenen Sprache
Band 6884

Michel Butor
Die Alchemie und ihre Sprache
Essays zur Kunst und
Literatur. Band 10242
Ungewöhnliche Geschichte
Versuch über einen Traum
von Baudelaire. Band 10959

Mathieu Carrière
für eine Literatur
des Krieges, Kleist
Band 10159

Victor Erlich
Russischer Formalismus
Band 6874

Gunter E. Grimm (Hg.)
Metamorphosen des Dichters
Das Rollenverständnis
deutscher Schriftsteller
vom Barock bis zur Gegenwart
Band 10722

Gerhard Härle (Hg.)
»Heimsuchun und süßes Gift«
Erotik und Poetik bei
Thomas Mann. Band 11243

Käte Hamburger
Thomas Manns biblisches Werk
Band 6492

Gustav René Hocke
Europäische Tagebücher
aus vier Jahrhunderten
Motive und Anthologie
Band 10883

Christoph König /
Eberhard Lämmert (Hg.)
Literaturwissenschaft
und Geistesgeschichte 1910 bis 1925
Band 11471

Fischer Taschenbuch Verlag

fi 97 / 15 a

Gérard Genette
Fiktion und Diktion
Aus dem Französischen von
Heinz Jatho
151 Seiten, Franz. Broschur
DM 38,–
3-7705-2771-2
Reihe: Bild und Text

Wilhelm Fink Verlag
München

Genette behandelt in verschiedener Hinsicht die Frage der Grundformen, der Kriterien und der Modi der Literarität. In seiner ersten Studie werden zwei Modi unterschieden: der eine, die *Fiktion,* richtet sich nach einem wesentlich thematischen Kriterium (dem imaginären Charakter der Gegenstände) und stellt einen Fall konstitutiver oder konstanter Literarität dar: ob „gut" oder „schlecht", ein Fiktionstext ist immer literarisch; der andere, die *Diktion,* hat ein formales Kriterium (der Akzent liegt auf der verbalen Botschaft) und stellt bald einen konstitutiven (ob „gut" oder „schlecht", ein Gedicht ist immer literarisch), bald einen Fall konditionaler oder prekärer Literarität dar, der von einem freien ästhetischen Urteil abhängt: ein nicht-fiktionaler Prosatext ist literarisch, *wenn man ihn als solchen ansieht.* Die zweite Studie befaßt sich spezifischer mit der narrativen Fiktion in ihrem pragmatischen Status: zu welcher Art von Sprechakten gehören die Fiktionsaussagen? Die dritte untersucht die allzuoft vernachlässigten narratologischen Differenzen zwischen fiktionaler und faktualer, beispielsweise historischer und autobiographischer Erzählung. Die letzte schließlich wendet sich wieder dem Gebiet der Diktion zu, und zwar um eine semiotische Definition des *Stils* zu gewinnen: zu welchem Bedeutensmodus gehört die stilistische Seite des Diskurses?
An dieser Stelle findet die rituelle Frage *Was ist Literatur?* vielleicht ihre Lösung, oder zumindest ihre Auflösung in jener weiteren: *Was macht aus einem Text ein ästhetisches Objekt?*